C.H.BECK WISSEN

Paul Klee (1879–1940) gilt als einer der Hauptvertreter der klassischen Moderne in Deutschland. Er stand in engem Kontakt mit der Künstlergruppe «Der Blaue Reiter» und wirkte am Bauhaus in Weimar und Dessau. Dass er aber darüber hinaus ein äußerst geschickter Geschäftsmann war, der es verstand, sein Werk frühzeitig zu vermarkten, ist vielen nicht bekannt. Im Jahr 1911 begann er mit einem handschriftlichen Œuvre-Katalog, in dem er fortan über seine Produktion gewissenhaft Buch führte und alle Verkäufe verzeichnete. Bereits seit 1919 war er durch einen Generalvertretungsvertrag mit dem Galeristen Hans Goltz finanziell abgesichert. Im gleichen Jahr regte er Buchpublikationen zu seinem Werk an – mit dem Erfolg, dass schon 1920 die ersten Klee-Biographien erschienen. Mit der Machtübernahme der Nationalsozialisten schließlich brachen schwierige Zeiten für Klee an: Im Jahr 1933 verließ er Deutschland und kehrte mit seiner Frau in seine Heimatstadt Bern zurück. 1937 wurden mehrere seiner Werke in der Ausstellung «Entartete Kunst» gezeigt und insgesamt 102 seiner Arbeiten aus öffentlichen Sammlungen beschlagnahmt.

Christian Rümelin zeichnet diesen Lebensweg anschaulich nach und führt in exemplarischen Werkbeschreibungen die Besonderheit und Vielfältigkeit von Klees künstlerischem Schaffen vor.

Christian Rümelin war einer der Projektleiter des Paul Klee-Werkverzeichnisses, das im Herbst 2004 abgeschlossen wurde. Er ist heute Leiter der Grafischen Sammlung des Musée d'art et d'histoire in Genf.

Christian Rümelin

PAUL KLEE

Verlag C.H.Beck

Mit 22 Abbildungen, davon 15 in Farbe

2., überarbeitete Auflage. 2015

Originalausgabe

Satz: Fotosatz Amann, Aichstetten
Druck und Bindung: Druckerei C.H.Beck, Nördlingen
Umschlagabbildung: Unter Verwendung von *Senecio*, 1922, 181,
Ölfarbe auf Kreidegrundierung auf Gaze auf Karton,
Öffentliche Kunstsammlung Basel, Kunstmuseum
Umschlagentwurf: Uwe Göbel, München
Printed in Germany
ISBN 978 3 406 68373 2

www.beck.de

Inhalt

Paul Klees Leben und Werk

Das Frühwerk bis 1912 6

Kinder- und Jugendzeichnungen 6 · Studienzeit in München 8 · Italienaufenthalt 10 · Rückkehr nach Bern und erste Radierungen 12 · Hinterglaszeichnungen und Schwarzaquarelle als neues Medium 17 · Zeichnung im Frühwerk 18 · Beruhigung der Lebensumstände 20

Der Blaue Reiter 22

Der handschriftliche Œuvre-Katalog 22 · Bekanntschaft mit anderen Künstlern 25 · Die Tunesienreise 28 · Der 1. Weltkrieg 33

Rezeption in den späten 1910er Jahren und Hinwendung zur Ölmalerei 39

Generalvertretung durch Hans Goltz 44

Bauhaus in Weimar und Dessau 47

Spuren der Lehre 53 · Naturstudium und Schichtungsbilder 56 · Quadratbilder 78 · Klees Ägyptenreise und die Werke der späten 1920er Jahre 82

Umorientierung (Düsseldorf) 86

Exil und Erkrankung 90

Das Spätwerk 94 · Serielles Arbeiten 99

Rezeption und Selbstinszenierung

Die nationale und internationale Rezeption 102

Klees «bürgerliche Biographie» 110

Anhang

Biographische Daten 118

Literatur 123

Fotonachweis 127

Personenregister 127

Paul Klees Leben und Werk

Das Frühwerk bis 1912

Noch während des Besuchs des Gymnasiums hatte sich Klee entschlossen, eine Ausbildung als Maler zu ergreifen. Diese Idee entstand aus einem regen Interesse an Zeichnung und generell bildender Kunst. Dieses Interesse ist nicht zuletzt auf die Anregung seiner Großmutter zurückzuführen, die dem Drei- oder Vierjährigen zum ersten Mal Buntstifte und Papier geschenkt hatte. Später hat Klee diese Kinderzeichnungen als den eigentlichen Beginn seiner künstlerischen Beschäftigung apostrophiert. Er wuchs in einem kulturell aufgeschlossenen Klima auf, sein Vater war Musiklehrer am Staatsseminar in Hofwil bei Bern und auch seine Mutter war an Musik sehr interessiert. Klee war im Schulhaus von Münchenbuchsee, einem kleinen Ort bei Bern, geboren worden, doch hatte der Vater 1880 die Erlaubnis erhalten, mit seiner Familie nach Bern zu übersiedeln. Es folgte eine eher kleinbürgerliche Schulzeit, mit den üblichen Verweigerungshaltungen und Schwierigkeiten eines Heranwachsenden, bis hin zum Abitur 1898, das Klee nur knapp bestand.

Klees Frühwerk kann in verschiedene Phasen unterteilt werden, die teilweise von ihm selbst vorgegeben sind, teilweise aber technischen oder formalen Merkmalen folgen. Demnach lässt sich nach seinen eigentlichen Kinderzeichnungen eine Reihe von Arbeiten Klees Jugendzeit bzw. den Münchner Jahren zuordnen.

Kinder- und Jugendzeichnungen

Die Kinderzeichnungen hatte seine um drei Jahre ältere Schwester Mathilde aufbewahrt und ihm gegen 1911 wiedergegeben. Es ist bemerkenswert, dass Klee einige seiner Kinderzeichnungen als abgeschlossene Kunstwerke anerkannte und ihnen damit einen hohen Status innerhalb seines Œuvre beimaß. Wesentlich später, als er sich bereits als Künstler durchgesetzt hatte, nahm er diese Zeichnungen zum Anlass, seine Kunst in die Nähe von Kinderzeichnungen zu rücken, um seiner aktuellen Produktion eine gewisse Unbefangenheit zuzuschreiben und seine Biographie auf einen sehr frühen Zeitpunkt hin zu konstruieren.

Die Zeichnungen, die vor 1890 entstanden waren, zeigen entweder eine Auseinandersetzung Klees mit ihm aus Bilderbögen und -büchern bekannten Illustrationen, oder sie verweisen auf die Beschäftigung mit seiner direkten Umwelt. Nur in einer Zeichnung, datiert auf 1890, bezieht er sich auf eine reale Situation, indem ein Teil der Berner Stadtansicht wiedergegeben wird. Die Wahrnehmung der Umwelt und der Klee dargebotenen Reize reduziert sich aber nicht auf das Ausmalen oder Abzeichnen bekannter und vorgelegter Illustrationen, sondern weitet sich auf Zirkusdarstellungen im Skizzenheft seiner Kindheit und idealisierte Landschaftszeichnungen aus.

Später zeichnete Klee während seiner Schulzeit nicht nur wesentlich mehr, sondern reagierte auch direkt auf seine Umgebung. Klee genoss keinen systematischen Zeichenunterricht, und doch zeigen die Blätter eine zunehmende Sicherheit im Umgang mit grafischen Mitteln. In diesen Jahren verwendete er hauptsächlich kleinformatige Skizzenbücher und Blätter, auf die er dann in Bleistift oder Kreide zeichnete. Daneben dienten ihm Schulhefte als Raum für humoristische Randzeichnungen, ohne diesen später aber einen künstlerischen Wert beizumessen.

Er beschränkte sich meist auf Landschaftszeichnungen seiner näheren Berner Umgebung, wie der Elfenau, seines Zimmers in der elterlichen Wohnung in der Berner Marienstraße oder dokumentierte die Ausflüge zu seinen Tanten ins Berner Oberland nach Beatenberg, in die Bielersee Region auf die Petersinsel beziehungsweise die Reisen mit seinem Vater ins Tessin. Daneben zeichnete er viel nach Vorlagen, wie den Bildkalendern von Emil Lauterburg, den Büchern von Max Girardet, Zeichenlehrbüchern wie der «Allgemeinen Zeichenschule» von J. Scholz oder Illustrationen aus den deutschen Zeitschriften «Vom Fels zum Meer» und «Die Gartenlaube», die seine Mutter las. Klees Beschränkung auf die genaue Wiedergabe von Landschaftsbildern, einige Trachtendarstellungen, vereinzelte Porträts und einige Karikaturen zielt auf eine detaillierte Abbildung des Wahrgenommenen, ohne die Erscheinung zu charakterisieren, zu vereinfachen oder zu abstrahieren. Die Objekte und Motive bleiben in einer mittleren Distanz, so dass sie als Ganzheit abgebildet werden können und der Bildausschnitt nicht zu kompositionellen Schwierigkeiten und Fokussierungen führt.

Studienzeit in München

Nach seinem Abitur 1898 bewarb sich Klee mit seinen Berner Landschaftszeichnungen persönlich beim Direktor der Münchner Akademie Ludwig von Löfftz um Aufnahme, doch wurde er mit der Begründung abgelehnt, dass ihm die Übung im figürlichen Zeichnen noch fehle. Um sein Ziel, ein Studium der Malerei an der Münchner Akademie, zu erreichen, musste er sich deshalb zuerst an der privaten Zeichenschule von Heinrich Knirr einschreiben. Hier hatte Klee neben den üblichen akademischen Aktstudien während eines Ausflugs mit Studienkollegen ins nahe bayerisch-österreichische Grenzgebiet damit begonnen, die Landschaftsausschnitte wesentlich enger zu fassen und so die Spannung in den einzelnen Bildern zu erhöhen. Klee konzentrierte sich fast völlig aufs Zeichnen, und obwohl seine großen Fortschritte, speziell im Aktzeichnen, sicherlich für die Zulassung zur Akademie ausgereicht hätten, beschloss er, trotz des Drängens der Eltern, noch weiterhin bei Knirr zu bleiben. Erste Versuche, zeichnerische Wirkungen auch in einer herkömmlichen Ölmalerei zu erzielen, gestalteten sich schwierig, und Klee zweifelte zu Beginn seiner Karriere noch an seinen Qualitäten als Maler. Er war sich, trotz der anfänglichen Erfolge und der konstanten Motivation durch Knirr keineswegs sicher, ob er nicht doch eine Karriere als Musiker ins Auge fassen solle. Es war sicherlich mit auch das Verdienst seines Lehrers Heinrich Knirr und dessen beständige Aufmunterung, dass Klee seine Ausbildung in der bildenden Kunst nicht sofort wieder aufgab.

Die Schwierigkeiten, bestimmte visuelle Phänomene von der Zeichnung in die Malerei zu übertragen, und der damit verbundene persönliche Kampf Klees fanden ihren Niederschlag in seinen Tagebüchern und Briefen. So notierte er im Sommer 1900 in seinem Tagebuch, das er seit 1898 führte, dass er ein Testament skizziert habe, und «drin bat ich alles was an Kunstbestrebungen vorhanden sei zu vernichten. Ich wußte wohl, wie kümmerlich das alles war und wie nichtig im Vergleich zu den vorgefühlten Möglichkeiten» (Tgb. 105). Zwar setzte Klee gezielt seine Ausbildung seit Herbst 1900 in der Malklasse von Franz von Stuck fort, doch blieb seine Unsicherheit in der Behandlung der Farbe und der Ölmalerei. Wiederum in seinem Tagebuch fasste er seine Erfahrungen zusammen: «Stuckschüler zu sein hatte einen guten Klang. In Wirklichkeit war es aber nicht halb so glänzend. Ich kam anstatt mit ganzem Verstand mit tausend Schmerzen und Vorurteilen dahin. In der Farbe kam ich schwer vom Fleck. Da in meiner Beherrschung der Form der Gefühlston stark vorherrschte suchte ich wenigstens hier möglichstes zu profitieren. Und bei Stuck war auf dem Gebiet der Farbe wirklich manches zu holen. Natürlich fehlte es indessen auf dem Gebiet der Farbe nicht nur an mir. Ähnlich urteilte Kandinsky später in seiner Monogr. über diese Schule. Hätte mir dieser Lehrer das Wesen der Malerei so auseinandergesetzt, wie ich es später dann konnte, nachdem ich immer mehr eingedrungen war, dan[n] hätte ich mich nicht in einer so verzweifelten Situation befunden» (Tgb. 122). Klee sah dementsprechend seine Beschäftigung mit der Malerei als Mühsal, die zu keinem befriedigenden Ergebnis führe, im Gegensatz zu seinen Zeichnungen. Deshalb konzentrierte er sich zunehmend auf zeichnerische Medien und intensivierte die Suche nach einem angemessenen künstlerischen Mittel. Noch während seiner Zeit bei Heinrich Knirr hatte sich Klee überlegt, was die ihm angemessene Gattung sei. Dabei waren diese Überlegungen immer auch daraufhin orientiert, ob er sich der Musik oder der bildenden Kunst zuwenden solle, und was bei Letzterer seine Bestimmung wäre.

Er tendierte zuerst in die konventionelle Richtung der Malerei, sah sich aber dort enormen Schwierigkeiten gegenüber. Deshalb überlegte er, ob nicht eine Beschäftigung mit der Skulptur geeignet sei. Eine von Stuck unterstützte Bewerbung um Aufnahme in die Skulpturenklasse bei Wilhelm von Rümann scheiterte schon im ersten Anlauf, da sich Klee einer Prüfung unterziehen sollte, die er nicht abzulegen gewillt war. Er begann daraufhin, sich wieder für Druckgrafik und Illustrationszeichnungen zu interessieren. Bereits während seiner Zeit bei Heinrich Knirr hatte er diesen Gedanken gefasst, ihn dann aber nicht weiterverfolgt und kam nun darauf zurück, da er mit derartigen Aufträgen seinen Lebensunterhalt bestreiten wollte. Die Illustrationszeichnungen, von denen nur wenige erhalten blieben, konnte er aber nicht absetzen, und zu einer tieferen Auseinandersetzung mit der Druckgrafik kam es nicht.

Italienaufenthalt

Seine Münchner Zeit war für Klee sowohl in persönlicher als auch in künstlerischer Hinsicht spannungsgeladen und problematisch. 1899 hatte er seine spätere Frau Lily Stumpf, eine Pianistin, kennengelernt, was ihn aber nicht daran hinderte, eine Affäre mit einem Aktmodel anzufangen, das von ihm schwanger wurde. Das Kind starb jedoch kurz nach der Geburt. Gerade weil seine künstlerischen Bemühungen nicht in einer befriedigenden Richtung verliefen, brach er im Sommer 1901 seine Ausbildung in München ab. Nach einem kurzen Aufenthalt in Bern reiste er mit seinem Berner Freund und Studienkollegen Hermann Haller nach Italien, hauptsächlich nach Rom, Neapel und Florenz. Haller hatte ebenfalls bei Knirr Zeichenunterricht genommen, allerdings nach Klee. Speziell in Rom müssen eine große Anzahl von Zeichnungen entstanden sein, denn in Klees Briefen und Tagebuchaufzeichnungen werden zahlreiche Werke genannt, die aber größtenteils nicht identifizierbar und deshalb wohl nicht erhalten sind.

Klee besuchte während dieser Zeit viele Museen, zeichnete und malte oft im Freien, hatte aber, abgesehen von seinem Reise-

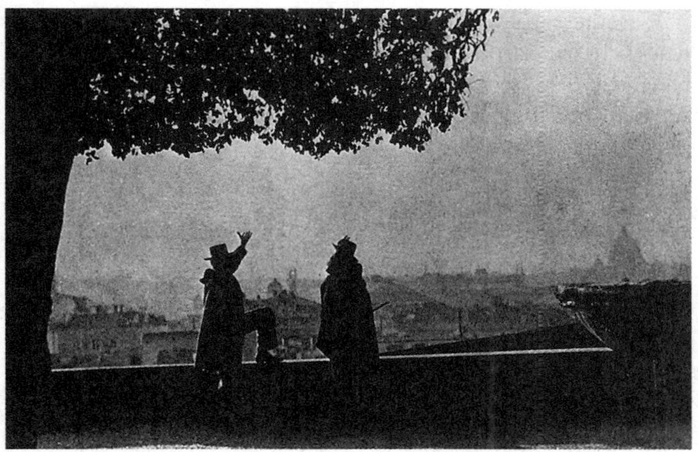

Abb. 1: Paul Klee (l.) und Hermann Haller im Garten der Villa Borghese, Rom, Februar 1902, Photo: Karl Schmoll von Eisenwerth

gefährten Hermann Haller sowie dem ihm von München her bekannten Jean de Castella und dem deutschen Maler Schmoll von Eisenwerth, keinen Kontakt zu anderen Künstlern. Er nutzte seine Zeit dazu, die Stadt und ihre Umgebung kennenzulernen und dabei häufig nach der Natur zu zeichnen. Aber die Mehrzahl der italienischen Werke überstanden eine spätere kritische Prüfung nicht und wurden von Klee offenbar zerstört. Nur drei farbige Zeichnungen aus seiner römischen Zeit blieben erhalten.

Der Unterschied zu seinen vorherigen Zeichnungen ist offensichtlich. Der Strich wirkt fester und bestimmter, doch zeigen auch diese drei Blätter noch, dass Klee auf der Suche nach einer angemessenen künstlerischen Form und einer ihm entsprechenden Darstellungsart war. Die Konturen sind geprägt von einer deutlichen Unsicherheit, die trotz der Kombination von Aquarell und Federzeichnung erkennbar bleibt. Die Ursachen liegen nicht in einem zeichnerischen Unvermögen, sondern die einzelne Linie versucht in starkem Maße die Form einzugrenzen und damit auch das dargestellte Motiv in seiner materiellen Erscheinung greifbar werden zu lassen.

Was diese römischen Blätter aber auch aufzeigen, ist eine Rückkehr zu karikaturhaften Personendarstellungen, die Klee bereits zu Schulzeiten kultivierte und die speziell in seinen Skizzen bei Knirr wieder aufblitzen; sie wurden für einige Jahre sein bevorzugtes Stilmittel.

Rückkehr nach Bern und erste Radierungen

Seit Mai 1902, der Rückkehr von seiner Italienreise, war Klee wieder in Bern ansässig, wohnte in seinem Elternhaus und sicherte sich seinen Unterhalt durch Konzertengagements und -kritiken. Daneben versuchte er seine anatomischen Kenntnisse zu verbessern, indem er regelmäßig Anatomievorlesungen hörte, entsprechende Zeichnungen anfertigte und zudem seine zeichnerischen Fähigkeiten zu perfektionieren suchte. Aber viel entstand zu dieser Zeit nicht, zu sehr war er mit Konzerten beschäftigt und offensichtlich auch zu wenig selbstsicher, um Gemälde in Angriff zu nehmen. Er wählte einen alternativen Weg, indem er sich im Juni 1903 in seinem Tagebuch über seine künstlerische Krise Rechenschaft ablegte. Noch immer empfand er eine gewisse Depression und Frustration, dass seine Versuche in der Malerei nicht so erfolgreich verliefen, wie er erhofft hatte, und versuchte nun, sich via Zeichnung und Radierung wenigstens kleine Erfolgserlebnisse zu verschaffen. Konsequenterweise setzte er sich nun sehr intensiv mit Druckgrafik, speziell der Zinkradierung, auseinander.

Es entstanden eine Reihe von Radierungen zu drei verschiedenen Themenkomplexen, erstens Frauenbilder, und hier speziell Bilder von hässlichen und nicht-begehrenswerten Frauen, meist in einer allegorischen Form, zweitens Radierungen mit einem direkten Bezug zu Theater, speziell zur griechischen Tragödie, und drittens karikaturhafte, eher politische Blätter. Von den insgesamt 19 Arbeiten, die bis 1905 entstanden, fasste er zehn unter dem Titel «Inventionen» zusammen. Diese zehn Blätter, die 1906 auch zusammen ausgestellt wurden, zeigen eine Bandbreite von verschiedenen Themen, sind aber technisch, trotz ihrer im Detail unterschiedlichen Mittel, miteinan-

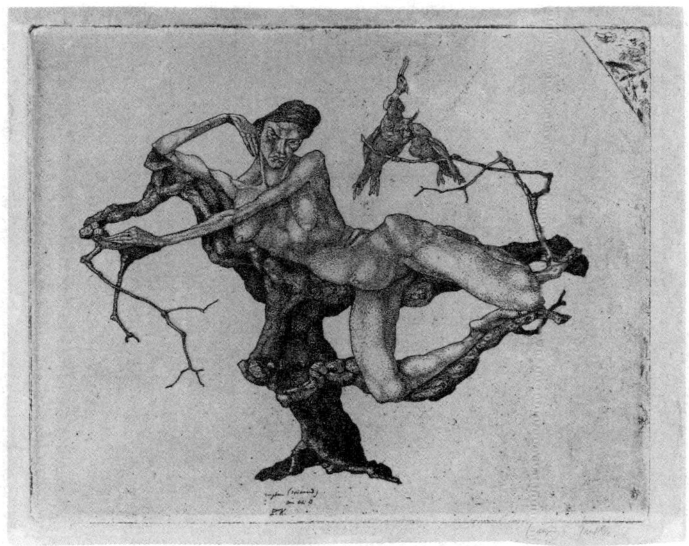

Abb. 2: *Jungfrau (träumend)*, 1903, 2, Radierung auf Zink, Druck vor der Auflage; 23,6 × 29,8 cm, Zentrum Paul Klee, Bern

der vergleichbar. Dementsprechend sind sie wesentlich mehr als lediglich tagespolitische Karikaturen eines jungen und auch ein wenig frustrierten Künstlers oder eine persönliche Stellungnahme zu einer persönlich noch nicht gelösten sexuellen Spannung.

Eine Art Ausgangspunkt ist die erste Radierung der *Jungfrau (träumend)*, 1903, 2 (Abb. 2). Klee setzt sich hier dezidiert mit der bourgeoisen Doppelmoral gegenüber weiblicher Sexualität auseinander. Bereits der Titel und die als Symbol der Unfruchtbarkeit zu verstehende Weide sowie die Stellung der Frau deuten diese Ambivalenz an. In seinen Briefen an seine spätere Frau Lily und in seinen Tagebuchnotizen beschrieb er, dass diese Jungfrau im Spannungsfeld zwischen gesellschaftlicher Konvention und eigener Sexualität zu sehen sei. Aber es ist nicht nur eine persönliche Annäherung an einen Bereich, der für ihn immer noch problematisch war, sondern auch der Versuch, etwas zu schaffen, das für ihn als künstlerisch wertvoll gelten konnte und

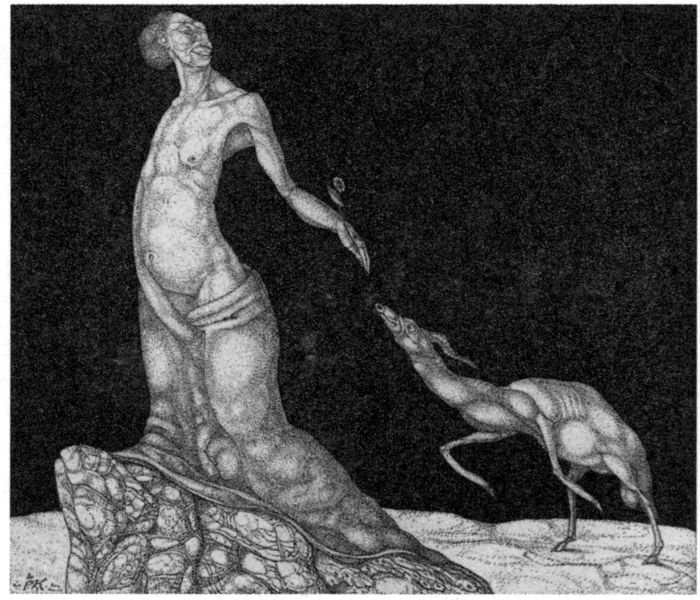

Abb. 3: *Weib u. Tier*, 1904, 13, Radierung auf Zink, Druck vor der Auflage; 23,6 × 29,8 cm, Zentrum Paul Klee, Bern

Bestand hatte. So ist zumindest teilweise zu erklären, warum Klee hier ein Schraffursystem einsetzte, das sich in seinem vorherigen zeichnerischen Werk nicht findet. Die Unsicherheit des Strichs, die Suche nach der Form ist in den Radierungen einer meist fein abgestimmten Schraffur gewichen, die sowohl einzelne Volumina modelliert als auch zur stofflichen Differenzierung dient. Dadurch werden die einzelnen Bildelemente wesentlich subtiler dargestellt und nicht mehr auf eine primär flächige Wirkungsabsicht reduziert, wie es sich in den vorherigen Werken häufig findet. Zugleich geben sie die optische Erscheinung der Objekte aber nicht so detailliert und präzise wieder wie in den Jugendzeichnungen. Sie zielen auf eine nicht-realistische Darstellung, die die Sichtbarmachung von Phänomenen zum Zweck hat.

Klee bewertete dieses Blatt in seinem Tagebuch als sein erstes gelungenes Opus, und es scheint, dass es endlich den Ansporn gab, den er sich davon erhofft hatte. In der Folge verwendete er zunehmend Zeichnungen als Grundlage für weitere Radierungen. Das Thema des Bezugs und der Wahrnehmung speziell weiblicher Sexualität beschäftigte ihn in den folgenden eineinhalb Jahren sehr intensiv. Ein erstes Resultat waren zwei Radierungen, von denen er eine nicht als abgeschlossen ansah, und eine weitere Radierung, die aber nach dem Druck verworfen wurde und von der kein Exemplar bekannt ist. Beide wurden von ihm als *Weib u. Tier*, 1904, 13 (Abb. 3), benannt und beziehen sich auf gängige psychologische Muster des 19. Jahrhunderts. Obwohl er nur im November 1903 und dann rund ein Jahr später seiner Verlobten Lily davon berichtete, muss ihn das Thema sehr beschäftigt haben. Im Grundsatz ist es die Gegenüberstellung einer Frau mit einem gierigen, ja fast räudigen Hund, einer Mischung aus Windhund und Gazelle. Die männliche Sexualität ist dabei durch die animalische Begierde symbolisiert, aber zugleich von der jeweiligen Person abgespalten, während es bei der Frau in Klees Verständnis noch eine Einheit bildet.

Die übersteigerte Darstellung findet sich wiederum in anderen Radierungen und Zeichnungen Klees: Eine der deutlichsten ist das Blatt *Zwei Männer, einander in höherer Stellung vermutend, begegnen sich*, 1903, 5 (Abb. 4). Die beiden Männer sind unbekleidet, lediglich durch ihre Frisuren und Bärte sind sie als die beiden Kaiser Wilhelm II. und Franz Joseph I. erkennbar. Ihrer Insignien und Kleider beraubt, haben sie keine Anhaltspunkte mehr, ob ihre konventionellen Ehrbezeugungen nun angebracht sind oder nicht. Da sie davon ausgehen, dass ihr Gegenüber gesellschaftlich höher bewertet werden könnte, katzbuckeln sie voreinander. Klee bewertet dieses Verhalten als völlig unsinnig, was sich nicht nur aus der Überzeichnung der Gesichter ergibt, sondern auch aus der Angleichung der Körper an die karge Umgebung, mit ganz ähnlichen Formen und einer ebenso betonten Körperlichkeit der Kontur.

Trotz dieser Übersteigerung lässt sich diese Radierung nicht ausschließlich als Karikatur verstehen. Sie bezieht sich nicht auf ein bestimmtes Ereignis, was typisch wäre für eine echte Karika-

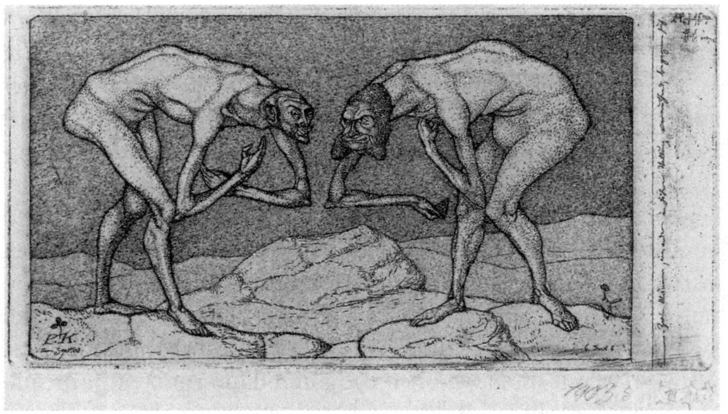

Abb. 4: *Zwei Männer, einander in höherer Stellung vermutend, begegnen sich*, 1903, 5, Radierung auf Zink, I. Zustand; 11,7 × 22,4 cm, Zentrum Paul Klee, Bern

tur, sondern spiegelt ein generelles Phänomen wider, bei dem zwei prominente, politische Protagonisten als Träger einer allgemeinen gesellschaftlichen Kritik verwendet wurden. Obwohl Klee gewisse Mittel der politischen Illustration und Karikatur verwendet, sah er in solchen Bildern wesentlich mehr als eine lediglich illustrative und tagespolitische Tätigkeit. Er erhoffte sich zwar, im Zuge der Popularität entsprechender Blätter auch einige seiner Inventionen oder Zeichnungen absetzen zu können, doch war es nicht der einzige Antrieb für diese Radierungen.

Klees Ziel, neben seiner musikalischen Tätigkeit und den Anatomie- und Aktzeichnungen auch Werke zu schaffen, die für ihn als abgeschlossen gelten konnten, erreichte er mit diesen Radierungen. Mehr noch: Durch die ersten, psychologisch wichtigen Erfolgserlebnisse intensivierte sich auch seine Tätigkeit als Zeichner, was wiederum zu einer neuen Auffassung von Linie und Raum führte sowie zu einer anderen Behandlung der Kontraste. Die Radierungen sind somit die Zäsur zwischen seinen Jugend- beziehungsweise Ausbildungszeichnungen und dem für Klee selbst als wichtig bewerteten künstlerischen Frühwerk. Von nun an werden sowohl die Themenbreite wie die technischen Möglichkeiten wesentlich umfassender. Thematisch reicht dabei das Spektrum von Porträts, karikaturhaften Blättern, Landschaften und Ansichten bis zu Illustrationen von Voltaires Roman *Candide*, technisch umfasst das Œuvre nach 1905 alle Möglichkeiten der Feder- und Pinselzeichnung, des monochromen und polychromen Aquarells, der Druckgrafik mit Radierung und Kaltnadel auf Kupfer, Zink und Celluloid, der Hinterglasmalerei und -zeichnung sowie der Ölmalerei. Es bleibt zwar eine ausgeprägte Suche nach der künstlerischen Form erkennbar, und die Werke zeugen stark von technischen Experimenten, aber sie wirken in ihrer technischen Ausprägung und in ihrer thematischen Auswahl wesentlich homogener als vorher.

Hinterglaszeichnungen und Schwarzaquarelle als neues Medium

Ausgehend von seinen Radierungen, begann Klee 1905 mit Zeichnungen auf Glas zu experimentieren. Zuerst gedacht als beliebig abwischbare und damit wiederverwendbare Zeichnungsoberfläche, erlag er schnell dem Reiz dieser Technik. Zunächst beschränkte er sich auf Schwarz und Weiß. In einigen Briefen an seine spätere Frau Lily beschrieb er ihr sein Problem der Umkehrung, sowohl für die Ausrichtung der Personen als auch bei der Behandlung der Halbtöne. Er verglich sich in dieser Situation mit einem Holzschneider, der ebenfalls mit einer Negativform arbeitet. Neben diesen schwarz-weißen Bildern begann er bald, sich wieder mit der Farbigkeit auseinanderzusetzen, und zwar auch hier mit Hilfe der Hinterglasmalerei. Im Gegensatz aber zu seinen frühen Ölgemälden verwendete er helle, mit Weiß gebrochene Farben, die eine nur geringe Eigenwirkung erzeugen. Dies vereinfachte den Umgang mit deren Wirkung. Sie erhielten keine das Bild beherrschende Dominanz, sondern waren auch weiterhin auf zeichnerische Elemente angewiesen.

Bis 1911 entstanden zahlreiche Hinterglaszeichnungen, die in ihrer Formensprache und durch ihre intensive Auseinandersetzung mit künstlerischen Phänomenen das zeichnerische und malerische Œuvre auf Papier und Leinwand stark veränderten.

Diese farbigen, bis 1912 entstandenen Werke zeugen von einem grundlegenden Wandel: Die Sicherheit im Umgang mit einzelnen Farben, die Gewandtheit in der Komposition von Flächen und Kontrasten sowie die Differenzierung und Konstitution der Räumlichkeit nehmen zu. Die vorher häufig anzutreffende Unsicherheit und die suchende Strich- und Pinselführung fehlen, allerdings nur in seinen farbigen Zeichnungen und Aquarellen.

Demgegenüber wandte sich Klee in seinen zahlreichen Schwarzaquarellen auf Glas und auf Papier dezidiert der Proportion von Einzelmassen und der Verteilung von Licht und Schatten zu. Die einzige Möglichkeit, die Objekte darzustellen und Räumlichkeit zu erzeugen, war in den Schwarzaquarellen eine subtile Differenzierung der Schwarz- und Grautöne. Das Papierweiß beziehungsweise die weiße Hinterlegung bei den Hintergläsern hatte dabei als die einzige verfügbare Lichtquelle zu dienen. Es war nun also ein anderer Prozess, bei dem Klee nicht mehr vom Licht in den Schatten arbeitete, sondern den Schatten herauspräparieren musste. Dabei war das hellste Licht definiert, und die verschiedenen Schattentöne hatten graduell damit in Verbindung gebracht zu werden.

Auf beiden Bildträgern entwickelte Klee eine große Virtuosität im Umgang mit diesen optischen Erscheinungen. Mit nur wenigen Flächen und vereinzelten Linien erzeugt er eine starke Plastizität und Räumlichkeit, die einhergehen mit einer bemerkenswerten Abstraktion der Einzelform. Diese wird aber nicht negiert, sondern Klee versuchte, die Eigenwirkung des jeweiligen Objekts angemessen umzusetzen. Diese intensive Auseinandersetzung mit Flächenkontrasten und dem Verhältnis von Licht und Schatten, bezogen auf einzelne Massen, wird während Klees Tunesienreise zu einer grundlegend anderen Behandlung der Farbigkeit führen.

Zeichnung im Frühwerk

Nach seiner Rückkehr aus Rom entwickelte sich die Zeichnung zu Klees primärem Medium. Zuerst schien er zwar blockiert und widmete sich hauptsächlich der Musik, begann aber schon kurz nach seiner Rückkehr mit Akt- und anatomischen Zeichnungen. Es folgten Zeichnungen, die ihm als Vorbereitung für seine Radierungen dienten. Daneben entstanden Werke, die keinen direkten Bezug zu natürlichen Vorlagen hatten. In einer von ihm vorgenommenen Unterscheidung von Arbeiten «nach der Natur» und «ohne Natur» zeigen sich zum einen Klees Einstellung zur Natur und ihre Bedeutung für seine eigene künstlerische Arbeit und zum anderen die Funktion und der Ursprung seiner Kunst. Dies war kein linearer und unumkehrbarer Prozess, sondern Klees Auffassung von Zeichnung wandelte sich mehrmals, was sich in der Veränderung seines Strichs spiegelte. Er beschrieb dies einige Male in seinem Tagebuch, betonte dabei aber jeweils seine eigene Auseinandersetzung mit der Linie. Hierfür entwickelte er zwei Strichsysteme, die er nebeneinander verwendete, die sich aber in ihrer Auffassung grundlegend unterscheiden: erstens eine sehr kleinteilige Schraffur in Kombination mit einer festen Konturlinie und zweitens eine Manier der Zeichnung, die fast vollständig auf Binnenzeichnung und Schraffur verzichtete, wobei er die Anzahl der Linien auf das für die Erkennbarkeit notwendige Minimum reduzierte. Erst 1907 gab er diese Bipolarität in seinen Zeichnungen auf. Die Blätter erscheinen nun wie das Resultat eines Konzentrationsprozesses auf die Wirkung und nicht mehr auf die äußere Erscheinung. In den Zeichnungen von 1908 wird dies besonders offensichtlich. Die Figuren werden fast nur noch durch die Konturlinie gebildet, die Binnenzeichnung ist weitgehend reduziert, und Schraffuren dienen nicht der Modulation einer Körperpartie, sondern einzig der Angabe von Schattenzonen. Diese Blätter waren das Resultat einer Beschäftigung mit Binnenstrukturen, die Klee in seinen Zeichnungen von 1907 vorgenommen hatte. Das grundlegende Problem, das sich hierbei ergab, war die Nähe zu ornamentalen Zeichnungen. Klee hatte dies bereits in seinem Tagebuch 1907 erkannt und versuchte deshalb, in der Reduktion dieser Strukturen wieder zu einer deutlicheren Klarheit zu gelangen. Dies führte zu zwei unterschiedlichen Ergebnissen, die auch in ihren technischen Voraussetzungen markant voneinander abweichen. Klee wandte sich nach 1908 sehr stark der

Federzeichnung zu, teilweise mit verschiedenen Federarten, behandelte den Kontur aber nicht als kompakte, die Form umschließende Linie, sondern setzte den Umriss aus scheinbar verschiedenen kleinen, nervösen Strichen und Strichlagen zusammen. In Verbindung mit einer ähnlichen Behandlung der Binnenstrukturen ergab sich eine temperamentvolle, nicht ornamental wirkende Erscheinung, die beide Forderungen Klees, nach Klarheit des Objekts und nach Lebendigkeit der Darstellung, erfüllte. Diese Möglichkeiten behielt Klee auch nach 1912 noch einige Jahre bei. In diesen Jahren zeigte sich gerade in seinen Zeichnungen seine deutliche Rezeption anderer Künstler, allen voran van Goghs. Eine Reihe von Zeichnungen, ebenfalls in Rohrfeder, zeigen eine technische Verwandtschaft, die vorher kaum wahrnehmbar war. Diese Art der Zeichnung konnte nun entweder für Porträts, für Landschaften oder zur Charakterisierung von Objekten genutzt werden. In jedem Fall war sie geeignet, sich den jeweiligen Gegebenheiten anzupassen, und damit in ihrer flimmernden Wirkung in der Lage, die unmittelbare Lichterscheinung wiederzugeben.

Beruhigung der Lebensumstände

Mit seiner Hochzeit 1906 hatte sich Klees künstlerische Situation in eine Phase begeben, die äußerlich von einer großen Ruhe geprägt war. Lily und er hatten in diesem Jahr geheiratet, und Klee war daraufhin wieder nach München übersiedelt. 1907 wurde das einzige Kind, Felix, geboren, und obwohl Felix einmal sehr schwer erkrankte und sich Klee um die Pflege seines Sohnes kümmerte, hatte er durch die Berufstätigkeit seiner Frau weitgehend die Möglichkeit, sich auf seine künstlerischen Bestrebungen zu konzentrieren. Die verschiedenen bildnerischen Mittel, die Klee in den Jahren nach seiner Heirat entwickelt hatte, nutzte er auch in seinen einzigen publizierten großen Illustrationen, den Zeichnungen zu Voltaires «Candide». Seit 1909 beschäftigte ihn der Gedanke der Illustration dieser Satire, und seit 1911 arbeitete er an insgesamt 42 Entwürfen in verschiedenen Techniken, ausschließlich Zeichnungen und Hintergläsern.

Bestärkt wurde er durch seine Freundschaft mit dem wesentlich älteren und bereits anerkannten Alfred Kubin, und so verwundert es kaum, dass er formal zu ähnlichen Lösungen wie Kubin in seinen Zeichnungen gelangte. Klee las seit seiner Gymnasialzeit außerordentlich viel, neben griechischen Klassikern, zeitgenössischer deutscher Literatur, Kunstbüchern und umstrittenen Abhandlungen zu verschiedenen Themen auch ältere Bücher, wie verschiedene Schriften Voltaires. «Candide», diese erstmals 1759 publizierte Novelle, war mehrmals illustriert worden, doch berücksichtigte Klee diese Tradition nicht. Er orientierte sich ausschließlich am Text und entwarf und interpretierte sämtliche Szenen neu. In seinen Zeichnungen ergibt sich aber kein narrativer und kontinuierlicher Bildraum, sondern die Personen agieren bildparallel. Sie bleiben isoliert, es ist gewissermaßen eine Momentaufnahme. In starker Überlängung, mit ausgreifenden und theatralischen Gesten, verdeutlichen sie das jeweilige Geschehen. Auch hier nutzte Klee seinen nervösen Strich, akzentuierte ihn sogar, indem er fast gänzlich auf Binnenstrukturen und -zeichnungen verzichtete und die Figuren auf den reinen Kontur reduzierte.

Die zweite neue Art der Zeichnung war die Kombination von Feder- und Pinselzeichnung auf teilweise nassem Papier. Diese Blätter unterscheiden sich von Schwarzaquarellen auf Papier durch ihre unterschiedliche Behandlung des Papiertons. Dieser erscheint hier nicht als Ausdruck des Lichts, sondern als neutrale Folie für die Darstellung, die sowohl aus Linien wie aus Flächen zusammengesetzt wird. Der grundsätzliche Unterschied ist die Behandlung der Tonalität. Während dies in den Schwarzaquarellen der primäre Aspekt ist, liegt den kombinierten Zeichnungen die Suche nach einer einfachen Technik zugrunde, die auch sehr lichtstarke Phänomene abbilden konnte. Schwarzaquarelle waren nur dazu geeignet, dunkeltonige Objekte oder Porträts zu erzeugen, nicht dagegen lichtdurchflutete Landschaften wiederzugeben. Dies ließ sich einzig mit einer Kombination von Feder- und Pinselzeichnung erreichen. Dabei verwendete Klee nicht die übliche Lavierung mit verdünnten Tinten oder Tuschen, sondern er feuchtete meist das Papier an und ließ auf diese Weise das flächige Zeichenmittel des Pinsels mit dem linearen Mittel der Federzeichnung verlaufen. So erzielte er eine den Schwarzaquarellen ähnliche malerische Wirkung, wobei die wesentlich umfassendere Aussparung des Papierweiß eine lichthaltigere Gesamterscheinung ergab.

Diese Auseinandersetzung hatte ihrerseits wieder Auswirkungen auf Klees Verständnis der Farbigkeit. Zwar beschränkte er sich auf die Aquarelltechnik, doch zeigen gerade die Blätter zwischen 1910 und 1912 eine intensive Beschäftigung mit Lichtwirkungen und der Helligkeitsverteilung. Abgestimmt auf die jeweilige Komposition setzte Klee die zarten und sparsamen Farbtöne. Dabei zeigt sich, dass Klee tendenziell eine eher monochrome Verwendung der Farbigkeit anstrebte, also weiterhin ganz im Sinne seiner Schwarzaquarelle agierte, und von einer Buntfarbigkeit absah, was ihm aber zugleich die Umsetzung der Tonalitäten und der angemessenen Verteilung der Licht- und Schattenmassen vereinfachte.

Der Blaue Reiter

Ein erster Wendepunkt in Klees Karriere als Künstler war 1911 aus verschiedenen Gründen erreicht, zum einen lernte er zahlreiche Künstler, hauptsächlich in München, kennen und konnte somit seine Situation als Mitglied der deutschen Avantgarde festigen, und zum anderen begann er mit einem handschriftlichen Katalog aller Werke.

Der handschriftliche Œuvre-Katalog

Im Februar 1911 notierte er in seinem Tagebuch: «Ich lege einen genauen Katalog sämtlicher Arbeiten an, die in meiner Hand noch sind» (Tgb. 890). Aber bereits einige Monate später weitete er dieses Unterfangen aus, nun auf alle bisher entstandenen Werke. Nicht viele Künstler hatten vorher zu einer solch radikalen Maßnahme gegriffen, um sich selbst Rechenschaft über ihre Produktion zu geben und gleichzeitig die Werke zumindest rudimentär zu dokumentieren. Es ist deshalb kaum erstaunlich, dass Klee dies zuerst eher negativ bewertete: «Und nun bin ich auch noch Bürokrat geworden, ‹indem daß› ich ein großes genaues Verzeichnis meiner sämtlichen künstlerischen Produkte von Kindheit an aufgeschrieben habe. Nur die Schulzeichnungen, Akte etc. habe ich nicht darin aufgenom[m]en, weil ihnen doch die produktive Selbständigkeit fehlt» (Tgb. 895).

In einem Wachstuchheft für den Zeitraum von 1883 bis 1917, drei broschierten Schreibheften für die Spannen zwischen 1918–1926, 1927–1929 und 1929–1933 sowie sechs jeweils sich auf Einzeljahre beschränkenden Schnellheftern (1934–1940) hielt Klee den Umfang seiner Produktion fest. Er selbst bezeichnete diese Aufstellung als Œuvre-Katalog.

Die Grundangaben bestehen dabei immer aus einer Datierung, einer fortlaufenden Nummer, der Titelangabe und einer groben technischen Charakterisierung, mitunter auch noch der Angabe von Verkäufen, Besitzwechseln oder Ausstellungen.

Im Gegensatz zu einem während seiner Gymnasialzeit bereits angefangenen Verzeichnis, das er 1897 abgebrochen hatte, integrierte er diesmal nur diejenigen Werke, die er als abgeschlossene Kunstwerke anerkannte. Damit eliminierte er retrospektiv zugleich die Jugendzeichnungen, Schülerarbeiten und Werke, denen eine eigentliche künstlerische Selbständigkeit mangelte, wie den frühen Landschaftszeichnungen und Skizzenbüchern. Den Œuvre-Katalog, den Klee bis kurz vor seinem Tod führte, strukturierte er mehrfach um und veränderte dessen Funktionen. Zuerst als Übersicht über seine bisherige Produktion gedacht, die ihm die Organisation einer ersten Einzelausstellung ermöglichen sollte, wurde er später zu einem Instrument, mit dem er seine Produktion, Ausstellungen, Ansichtssendungen und Verkäufe überblicken konnte.

Der Œuvre-Katalog selbst wandelte sich nicht nur bezüglich seiner Funktion, sondern in erheblichem Maße auch in seiner Form. Die auffälligste Änderung nahm Klee 1925 vor, indem er sein Nummerierungssystem änderte. Bis zu diesem Zeitpunkt hatte er hinter der Jahreszahl immer eine laufende Nummer angegeben, doch dies auf Drängen seines Galeristen Hans Goltz zugunsten einer codierten Nummerierung aufgegeben. Von nun an stand hinter der Jahreszahl eine Kombination aus Buchstaben und Zahlen. Klee führte allerdings in seinem handschriftlichen Œuvre-Katalog beide Systeme parallel weiter, schon um auch weiterhin den Überblick über seine Produktion zu behalten.

Generell offenbart der handschriftliche Œuvre-Katalog Klees eigene Haltung zu seinen Arbeiten und reflektiert dadurch den Umgang mit seinem Werk. Bis circa 1905 registrierte Klee nur relativ wenige Werke in diesem Verzeichnis, bewahrte aber eine große Anzahl von Zeichnungen und Gemälden auf, die er nicht in diese Liste aufnahm. Die meisten Werke, die er als Kind oder Jugendlicher angefertigt hatte, wurden von ihm später nicht mehr als selbständige und abgeschlossene Kunstwerke anerkannt, ein anderer Teil offensichtlich von ihm selbst zerstört. Die nachträgliche Registrierung spiegelt dementsprechend eine genaue Zusammenstellung wider, nicht aber den Überblick über sein gesamtes bis dahin entstandenes Werk. Zahlreiche in Italien entstandene Werke sind lediglich durch ihre Nennung in Briefen und den Tagebüchern greifbar, aber nicht durch entsprechende Einträge in dieser Liste dann auch identifizierbar. Sie wurden wohl zu einem nicht bekannten Zeitpunkt vor 1911 von Klee zerstört. Darüber hinaus ist auffällig, dass nominal sehr wenige Werke vor 1904 in den Œuvre-Katalog aufgenommen wurden und mit Annäherung an das Jahr 1911 die Anzahl der registrierten Werke zunimmt. Dies lässt sich, angesichts der vielen nicht registrierten Arbeiten, nicht mit einer Unproduktivität oder einer weitgehenden Zerstörung des eigentlichen Frühwerks erklären, sondern spiegelt den bewussten Auswahlprozess Klees wider, der im Œuvre-Katalog seinen Niederschlag fand. Diese Auswahl bedeutete dann nicht zwangsläufig auch die Zerstörung des Werks, denn häufig bewahrte Klee diese Arbeiten auf, ohne ihnen allerdings den höheren Status zuzuerkennen.

Aber auch nach 1911 wurden bei weitem nicht alle Werke in diesen Katalog aufgenommen. Es blieb eine Auswahl, die mitunter redaktionell überarbeitet wurde. Die Überarbeitung zahlreicher Werke zu Beginn der 1920er Jahre und ihre damit verbundene Neubewertung fanden im Œuvre-Katalog einen entsprechenden Niederschlag.

Bekanntschaft mit anderen Künstlern

Wesentlich einschneidender als der Beginn einer Rechenschaft sich selbst gegenüber und die Entwicklung eines Instruments zur Verwaltung seiner Produktion sollte sich aber die Bekanntschaft mit einigen Künstlern erweisen. Den Anfang bildete der Kontakt zu Alfred Kubin. Über Bekannte hatte sich Kubin nach Zeichnungen Klees erkundigt und schließlich auch einige Zeichnungen gekauft. Dies war für Klee aus verschiedenen Gründen wichtig, zum einen war es eine Anerkennung außerhalb seines direkten Umfelds in München oder Bern, zum anderen war es einer der ersten Verkäufe in ein weiteres Umfeld, denn vorher hatte Klee nur einige Radierungen an Bekannte in Bern absetzen können. Klee bezog sich in einigen Zeichnungen zu Candide auf den etwas drahtig-ungelenken Stil Kubins, integrierte ihn in seine Art der Figurenauffassung und fügte somit seiner Bildsprache eine weitere Ausdrucksmöglichkeit hinzu.

Neben diesem ersten Erfolgserlebnis, das wichtige Auswirkungen für Klees weiteres Werk und vor allem sein unmittelbares Selbstverständnis hatte, ergaben sich noch weitere Bekanntschaften in diesem Jahr, die sogar noch eine größere Tragweite in sich bargen. Wie üblich verbrachte Klee den Sommer in Bern. Durch seinen Jugendfreund Louis Moilliet lernte Klee den deutschen Maler August Macke kennen, der mit Franz Marc und Heinrich Campendonk bekannt war. Damit ergab sich ein Kontakt zur «Neuen Künstlervereinigung München». Diese Vereinigung war 1909 von einigen Malern gegründet worden, darunter Wassily Kandinsky, Alexej von Jawlensky, Marianne von Werefkin, Alfred Kubin und Adolf Erbslöh. Kurze Zeit später wurde Franz Marc aufgenommen, der mit Helmut Macke, dem Bruder von August Macke, befreundet war. Die genannten Künstler spalteten sich im Laufe des Jahres 1911 von der Vereinigung ab, um ihre Vorstellungen zu verwirklichen. Bereits im Oktober 1911 fand die erste Redaktionssitzung für den Almanach «Der Blaue Reiter» statt, an der neben Franz und Maria Marc auch Helmut, August und Elisabeth Macke, Heinrich Campendonk, Gabriele Münter und Wassily Kandinsky teilnahmen. Die Auswirkungen auf Klee sollten bald sichtbar werden. Nochmals arrangierte Louis Moilliet oder «Onkel Luli», wie Klee ihn in seinem Tagebuch nannte, eine wichtige Bekanntschaft für Klee, indem er ihn Kandinsky vorstellte. Damit öffnete sich ein weiter Kreis von Künstlern in München, die Klee vorher nicht persönlich gekannt hatte. Es ergaben sich hieraus eine Reihe neuer Anregungen. Im folgenden Winter wurde Klee schließlich eingeladen, an der zweiten Ausstellung des Blauen Reiters in München teilzunehmen, die von Mitte Februar bis Mitte März dauerte und unter dem Motto «Schwarz-Weiß» lief. Klee war mit siebzehn Zeichnungen vertreten, somit war dies für ihn die größte Ausstellung seiner Werke außerhalb der Schweiz. Viel wichtiger war jedoch für ihn, dass er von nun an zusammen mit bekannten Vertretern avantgardistischer Kunst in Deutschland gesehen wurde und die Möglichkeit erhielt, vermehrt in aufgeschlossenen jungen, aber erfolgreichen Galerien auszustellen. Dieser Ausstellung folgte die sehr wichtige Kölner Sonderbundausstellung 1912, der sich dann im selben Jahr im Kölner Gereonsclub eine umfassendere Einzelausstellung anschloss.

Die Ausstellung des Blauen Reiters hatte aber außer einigen Verkäufen noch eine weitere, wesentlich wichtigere und langfristig prägende Auswirkung. Wohl zum ersten Mal sah Klee im Rahmen dieser Ausstellung Werke von Robert Delaunay. Kandinsky war durch einen Hinweis seiner ehemaligen Schülerin Elisabeth Epstein auf ihn aufmerksam geworden. Marc und Kandinsky hatten Delaunay dann bereits für die erste Ausstellung eingeladen und ihm schließlich im Almanach als einzigem Künstler einen monographischen Beitrag gewidmet. Dies war der Anstoß für Klee, sich vermehrt mit französischen Künstlern zu beschäftigen, und im April 1912 nutzte er eine Reise nach Paris, um sich nicht nur viele Altmeistergemälde und Werke von Künstlern des 19. Jahrhunderts anzuschauen, sondern vor allem zeitgenössische Werke im Salon des Independents und in den zu dieser Zeit führenden Galerien von Bernheim-Jeune, Daniel-Henry Kahnweiler oder Durand-Ruel. Dabei sah er kürzlich entstandene Gemälde von Picasso, Braque, Dérain, Vlaminck und Matisse. Aber sein einschneidendstes Erlebnis war die Begegnung mit Delaunay in dessen Pariser Atelier. Dies führte dazu, dass Klee kurz darauf Delaunays Aufsatz «La Lumière» übersetzte, der 1913 in der neu gegründeten Zeitschrift «Der Sturm» von Herwarth Walden erschien. Die Auseinandersetzung mit Delaunays Ideen sollte Klees Verständnis von Licht und Farbe grundlegend ändern. Obwohl Klee sich weiterhin auf Zeichnungen, Aquarelle und Druckgrafik konzentrierte, zeigte sich ein vollständig neuer Zugriff auf Räumlichkeit und Farbigkeit. Zwar blieben seine Mittel, verglichen mit seinen bisherigen Zeichnungen und Aquarellen, zuerst noch sehr ähnlich, aber nun benutzte Klee verstärkt wirklich Farben und suchte die Effekte nicht rein durch Kontraste und Tonunterschiede zu erzielen. Insgesamt wurden seine Blätter buntfarbiger, und er begann aus Werken von befreundeten Künstlern Ideen zu schöpfen. Zudem versuchte er, die Anregungen von Delaunay bildlich umzusetzen. Es ging dabei darum, Seheindrücke sichtbar zu machen, die keinesfalls figürlich waren und sich nur als geometrisches Muster darstellen ließen. Die optischen Phänomene wurden dabei mit Hilfe einer formalen Lösung beschrieben und nicht als eine scheinbar figürliche Situation.

In den folgenden Jahren wendete sich Klee deshalb sehr stark einer Malerei zu, in der Farbfelder gegeneinandergestellt wurden und in der Bewegung, Statik und die Gleichzeitigkeit der Wahrnehmung zum zentralen Thema wurden. Es war innerhalb des Blauen Reiters ein dritter Weg, neben demjenigen Kandinskys, der sich seit 1911 der vollständigen Abstraktion widmete und kunsttheoretisch versuchte, die emotionale Qualität von Farbe zu begründen, und demjenigen von Franz Marc oder Campendonk, die beide figürlich blieben und dabei gezielt mit Farbkombinationen experimentierten. Auch wenn Klees Entwicklung nicht genau in der gleichen Richtung verlief, wie diejenige einiger seiner Künstlerfreunde, kam es nicht zu einer Missstimmung oder Trennung, und es war für Klee offensichtlich ein psychologisch wichtiges Moment, in einem Kreis Gleichgesinnter arbeiten und mit ihnen ausstellen zu können. Er nahm nun verschiedentlich an Ausstellungen teil, die der jungen Malerei und neuen Tendenzen gewidmet war. Zwar waren es zuerst noch die Galerien, die sich dafür besonders interessierten, wie «Der Sturm» in Berlin und die «Galerie Neue Kunst» von Hans Goltz in München, aber es waren darunter programmatische Ausstellungen, wie der Erste Deutsche Herbstsalon von September bis Dezember 1913.

Die Tunesienreise

In diesen Jahren versuchte Klee verschiedentlich, seine Erfahrungen mit Schwarzaquarellen, den dort erzielten Tonwerten, mit Kontrastbeherrschung und Räumlichkeit in farbige Werke umzusetzen. Noch sind es eher wenige Aquarelle, die seit seiner Reise nach Paris entstehen. Erst 1913 zeichnet sich eine neue Tendenz in seinen farbigen Werken ab. Die Behandlung der Malfläche wird großzügiger, und die Farben bleiben als solche bestehen, die Formen werden geometrischer und die Struktur der Werke klarer. Was sich bereits vorher andeutete, fand letztlich eine umfassende Ausprägung und Formulierung während einer Reise nach Tunesien.

Im Dezember 1913 hatte sich Klee mit seinem Freund Louis Moilliet und August Macke, seinem Kollegen des Blauen Reiters, in der Schweiz getroffen, wo nun auch Macke seit kurzem wohnte. Sie vereinbarten eine gemeinsame Reise nach Nordafrika, die über Ostern des folgenden Jahres geplant war. Klee reiste am 3. April von München nach Bern, dann mit Moilliet weiter nach Marseille, wo sie Macke trafen. Bereits in Marseille und wieder während der folgenden Schiffsreise nach Tunis erfuhr Klee die sinnliche Wirkung von natürlicher Farbigkeit in einer Intensität, die ihm vorher unbekannt gewesen war. Das Resultat war eine verstärkte Auseinandersetzung mit der Aquarellmalerei, immer unter Anregungen von Macke und Moilliet. Es entstanden eine Reihe von farbigen Aquarellen, aber nur wenige Zeichnungen. Klee versuchte, den bereits vor der Reise begonnenen Prozess fortzuführen und vermehrt Farbe zur Raumgliederung einzusetzen sowie als eigenständigen Wert zu verwenden. Bis zu diesem Zeitpunkt hatte Klee Schwierigkeiten im Umgang mit Farbe, sich dies selbst durchaus auch eingestanden und deshalb nur sehr wenig gemalt. Konsequenterweise hatte er in der Aquarelltechnik nur bedingt eine betont buntfarbige Wirkung zu erzielen versucht. Mit dieser Reise fand nun eine Entwicklung ihren Abschluss, die mit der Reise nach Paris und der Auseinandersetzung mit Delaunay begonnen hatte. Zu Beginn, obwohl er diese Werke erst 1921 als abgeschlossene Werke für sich anerkannte, arbeitete er noch stark perspektivisch, gab dies aber alsbald auf und entwickelte eine neue Selbstsicherheit im Umgang mit Farbigkeit. Ein typisches Beispiel hierfür ist das Aquarell *Rote u. weisse Kuppeln*, 1914, 45 (Farbtaf. I). Es entstand vor Ort auf einem größeren Blatt, das Klee später entzweischnitt. Das Aquarell zeigt die Ansicht einer orientalischen Stadt, bei der es sich konkret um Kairouan handelt, eine Stadt rund 150 km südwestlich von Tunis. Ursprünglich war die Ansicht wesentlich ausladender angelegt gewesen und beinhaltete die sich rechts anschließende Wüste. Diese Darstellung wurde aber durch die Trennung zu einem eigenständigen Werk, *in der Einöde*, 1914, 43. Klee zerschnitt einige seiner Werke, nicht um sie zu zerstören, sondern um den einzelnen kompositionellen Elementen den Raum zuzugestehen, den sie beanspruchten. Häufig war dies, gerade bei weitgehend abgeschlossenen Werken, nicht durch eine Änderung, also Übermalung, möglich, sondern nur durch eine physische Trennung oder Abspaltung. In diesen Fällen jedoch behandelte Klee nicht ein Werk als das eigentliche und das andere als eine Art Abfallprodukt, sondern beide als in sich abgeschlossene Werke, die er, wenn es sich um Aquarelle handelte, mit der gleichen Sorgfalt auf Karton aufzog, betitelte und in seinem handschriftlichen Katalog registrierte.

Rote u. Weisse Kuppeln war eines derjenigen Blätter, die Klee nach seiner Rückkehr alsbald auch ausstellte. Zusammen mit einigen anderen ist es eines der programmatischen Werke dieser Reise, denn es verdeutlicht nicht nur seine künstlerischen Bestrebungen, sondern beinhaltet zugleich seine Selbstwahrnehmung. Ein erstes Ziel war, die kleinteilige Struktur der Stadtmauer so darzustellen, dass auch die Stadtsilhouette angemessen wiedergegeben werden konnte. Diese ist durch die drei Kuppeln der großen Moschee gekennzeichnet, welche dem Werk den Titel geben. Die kleinen, primär vertikal angeordneten Rechtecke stehen für die Stadtmauer selbst. Obwohl weniger buntfarbig als andere, gleichzeitig entstandene Werke, zeigt dieses Blatt eine harmonische Verteilung von Tönen, die durchaus Klees Erfahrungen mit Schwarzaquarellen widerspiegeln. Dabei verwendete er eine geometrisch-abstrakte Struktur, die den Bildraum nicht mehr perspektivisch erschloss, sondern als simultane Wahrnehmung verschiedene Bildebenen miteinander kombinierte. Er hatte dies bereits vor seiner Reise versucht und auch annähernd erreicht, aber erst in Tunesien und speziell in den Aquarellen, die er in Kairouan fertigte, gelang dies in vollem Umfang. Die äußere, optisch wahrnehmbare Bildwelt und Klees innere Gefühlslage kamen erstmals in mehrfarbigen Werken in Übereinstimmung. Sie reflektieren dabei nicht nur die Anregungen, die Klee von Macke und Moilliet direkt erfahren hatte, und spiegeln auch nicht ausschließlich seine direkten Eindrücke vor Ort wider, sondern zeigen zudem in der Verwendung von farbigen Rechtecken kompositorische Ähnlichkeiten mit Delaunays gleichzeitigen Gemälden.

Klee fühlte sich erstmals wirklich als Maler, er hatte den Eindruck, dass ihm nun der Durchbruch gelungen sei. Zwar hatte er um 1919 sein Tagebuch im Hinblick auf die Konstruktion seiner eigenen marktwirksamen Biographie nochmals redigiert und dabei wohl auch diese Passage zu seinen Gunsten verändert, doch birgt seine Einschätzung durchaus einen wahren Kern. Die Aquarelle, die während oder kurz nach dieser Reise entstanden, zeigen einen völlig anderen Umgang mit Farbe und Komposition. Sie nehmen oft die geometrischen Formen auf, zeigen aber trotzdem die weiterhin mitunter objekthafte Darstellung, die für Klees frühere Werke typisch war. In der Folge behielt Klee in zahlreichen Gemälden und Aquarellen die Form der zunehmend abstrakteren Malerei bei.

Speziell in einer Gruppe von Gemälden, die nach der Tunesienreise 1914 entstand, führte er die Experimente mit Farbquadraten fort. Eines davon nannte er *Hommage à Picasso*, 1914, 192, andere erinnern an seine vorherige Auseinandersetzung mit der Landschaftsmalerei. Ein weiteres Gemälde, *Teppich der Erinnerung*, 1914, 193 (Farbtaf. II), aber sticht heraus, sowohl durch seinen Titel wie durch die Tatsache, dass auch dieses Werk später nochmals überarbeitet und verändert wurde. Bis zu seiner Reise nach Tunesien hatte Klee zwar mehrfach versucht, auch auf Leinwand zu arbeiten, diese Arbeiten selbst aber mehrheitlich nicht als abgeschlossene Werke angesehen. Erst nach seiner Reise war er offensichtlich überzeugt genug, nun auch in einer eher klassischen Weise in Ölfarbe zu arbeiten und sich somit als Maler zu etablieren. In dem Gemälde *Teppich der Erinnerung*, das für seine frühe malerische Karriere eine zentrale Bedeutung einnimmt, kombinierte Klee die quadratischen Kompositionsmuster seiner Landschaftsaquarelle mit Strukturen, die er als Innenraum ansah. Die rechteckigen oder quadratischen Strukturen, die vormals zur Wiedergabe von Landschaften und Außenräumen verwendet worden waren, wurden nun auf einen Innenraum übertragen. Zu Beginn der Arbeit an diesem Gemälde hatte Klee es unter dem Titel *Architektur Intérieur* geführt und diesen erst 1920 anlässlich der Überarbeitung und Vollendung verändert. Das Gemälde stellt also eine Verbindung zwischen seinen früheren Werken und denjenigen, die nach dem Weltkrieg entstanden waren, her. Aber es bildet zugleich eine erste Zäsur, denn Klee verwendete nur gedeckte, warme Farben und nicht die strahlenden, kräftigen Töne, die sein Schaffen während seiner Nordafrikareise bestimmt hatten. Bereits zu dem frühen Zeitpunkt, als er erstmals an diesem Gemälde arbeitete, führte er ein Element ein, das er bislang nicht berücksichtigt hatte: den bewussten retrospektiven Umgang mit seinem eigenen Schaffen, und zwar nicht nur rein formal, durch den Bezug auf die Blätter der Tunesienreise, sondern auch durch die spätere Titeländerung und Überarbeitung Anfang der 1920er Jahre. Mit der Überarbeitung und Veränderung fand nicht nur ein wichtiger Wechsel im eigenen Verständnis des Werks an sich statt, sondern auch in der Bewertung dieses Gemäldes von 1914. Wie in den Aquarellen dieses Jahres konnte Klee nun auch seine Gemälde als Ausgangspunkt für eine weitergehende Auseinandersetzung oder sogar als abgeschlossene Werke anerkennen. Er war sich nun sicher genug, als Maler Erfolg gehabt zu haben, und konnte damit den Beginn dieser

Entwicklung umdeuten. Dafür hatte er 1921 die Leinwand vom Spannrahmen abgenommen, das Werk gedreht und in der Art eines Aquarells auf Karton montiert. Daran anschließend wurde der Titel geändert, der nun durch die weniger eindeutige Formulierung einen zweiten, scheinbar verborgenen Sinn erhielt und gleichzeitig auf die Reise nach Tunesien zurückverwies.

Nur wenige Gemälde entstanden zu dieser Zeit, Klees Hauptaugenmerk lag weiterhin auf Arbeiten auf Papier, also Aquarellen und Zeichnungen. Trotzdem zeigen alle Werke ein vergleichbares Interesse auf, die Verbindung von emotionalen Werten und der Darstellung der äußeren Wahrnehmung. Dies erfolgte in den folgenden Jahren häufig in Werken mit auffälliger Parallelstruktur. Gerade in dem Jahr, das auf die Tunesienreise folgte, versuchte Klee Formulierungen zu finden, die seine Eindrücke in allgemeinerer Form wiedergeben konnten, ohne dabei an Präzision der Darstellung zu verlieren oder sogar beliebig zu werden. Er versuchte dies, indem er seine geometrisierenden Kompositionen noch stärker in Richtung einer zunehmenden Abstraktion konzipierte. Sie folgten dem in Nordafrika entwickelten Grundinteresse, Raum, Zeit und Beziehungen durch Farbakkorde zu verdeutlichen. Dies schlug sich teilweise in seinen Titeln nieder, die nun nicht mehr eine Begebenheit beschrieben oder eine Situation verdeutlichen wollten, sondern auf die in Farbe und Komposition erkennbare Idee verwiesen. In nur wenigen Fällen wich Klee von dieser Praxis ab und verwendete Titel, die auf eine reale Situation verwiesen und somit auf eine direkte Wahrnehmung und nicht auf ein eher theoretisches Konzept Bezug nahmen. Aber auch in *Föhn im Marc'schen Garten*, 1915, 102 (Farbtaf. III), blieben gewisse Grundprinzipien bestehen. Wiederum verwendete Klee, diesmal in der Schilderung einer direkt wahrnehmbaren meteorologischen Situation, eine eher kräftige und buntfarbige Palette von Aquarellfarben, und wiederum beschränkte er sich weitgehend auf die Kombination von geometrischen Grundmustern, wenn auch nicht in ihrer Reinform. In einigen anderen Werken desselben Jahres finden sich ähnliche Bestrebungen. Die Landschaft wird trotz ihrer Abstraktion als eine persönlich wahrgenommene Situation wiedergegeben. Dieses Konzept ist eng mit Klees persönlichem Verständnis von Romantik verbunden, die er einige Jahre später als Antithese zur Klassik begriff und mit Werten wie Dynamik, Ungebundenheit, freier Bewegung und kosmischer Energie verband. Dabei ist die Bewegung nicht eine reale, sondern kann, wie in diesem Aquarell, eine rein geistige sein. Erst die Vorstellungskraft des Betrachters vervollständigt das Bild, denn dadurch werden die Bewegung und Ungebundenheit manifest. Auch in diesem Aquarell sind die Hauptstrukturen aus einer Kombination von Dreiecken und Rechtecken gebildet. In anderen Werken dieses Jahres hatte Klee versucht, mit Kreis- und Rechteckformen geometrische Beziehungen darzustellen, die weitgehend abstrakt waren und in keinem direkten Bezug zu seinen persönlichen Erfahrungen standen. In diesem Aquarell aber griff er nicht nur auf die visuelle Vertrautheit mit dem spezifischen, meteorologischen Phänomen zurück und nutzte seine Erfahrungen vom Vorjahr, sondern er versuchte, verschiedene erzielte Schritte zu verbinden. Klee hatte 1915 weiterhin Eindrücke aus Nordafrika in Aquarellen verarbeitet und Werke geschaffen, die er selbst in einen direkten Zusammenhang mit seinen damals vor Ort entstandenen Werken stellte. Daneben aber hatte er auch einen rein abstrakten Zugriff auf diese Phänomene zu entwickeln versucht, aber nur in diesem Werk übertrug er es auf ein lokalisier-, wenn auch nicht datierbares Ereignis. In anderen Bildern hatte er zumindest andeutungsweise im Titel darauf verwiesen, dass es in seiner üblichen Umgebung stattgefunden hatte und nur mehr in indirektem Zusammenhang zu seiner Reise stand.

Der I. Weltkrieg

Die eben genannten Aquarelle entstanden zu einer Zeit, die sich als eine der schwierigsten für Klee erweisen sollte. Nur einige Monate nach der Nordafrikareise war am 28. Juli 1914 der Erste Weltkrieg ausgebrochen. Der Kontakt zwischen den über Ländergrenzen hinweg aktiven Künstlern brach sofort ab. August Macke und Franz Marc waren Anfang August eingezogen worden. Macke fiel bereits am 26. September. Mit dem Ausbruch des

Krieges hatte Klee begonnen, sich eine Haltung zurechtzulegen, die ihn aus der zeitgenössischen Betroffenheit herauslöste und ihm half, emotional Distanz zu bewahren. Dafür stilisierte er sich zu einem unsterblichen Kristall. Bereits 1915 hatte er dies in seinem Tagebuch notiert, wobei er in seiner redigierten Fassung ein Schnipsel der ursprünglichen Version einklebte. Er behauptete für sich, dass er diesen Krieg schon lange in sich gehabt habe: «Daher geht er mich innerlich nichts an. Um mich aus meinen Trümmern herauszuarbeiten musste ich fliehen. Und ich flog. In jener zertrümmerten Welt weile ich nur noch in der Erinnerung, wie man zuweilen zurückdenkt. Somit bin ich ‹abstract mit Erinnerungen›» (Tgb. 952). In der Folge entwickelte sich eine hitzige Diskussion mit Franz Marc, bei der es teilweise um die subjektive Haltung Klees ging und seine Abneigung, schriftlich zu theoretisieren, um sich lieber auf konkrete Werke zu beziehen und diese zu diskutieren. Dies war für Marc selbstverständlich eher schwierig, da er im Feld kaum Gelegenheit dafür hatte. Eine Hauptschwierigkeit lag auch darin, dass Klee im Grunde gegen den Krieg war, Marc ihn aber grundsätzlich befürwortete und als notwendig erachtete. Im Juli 1915, möglicherweise zu der Zeit, als das Aquarell entstand, trafen sich Klee und Marc während eines Heimaturlaubs von Marc. Klee bemerkte mit einer gewissen Melancholie die Veränderung seines Freundes. Aber der Kontakt ebbte ab, und sie sahen sich nochmals im November 1915. Marc war inzwischen zum Leutnant befördert worden und besuchte Klee ein letztes Mal in München. Dieser bemerkte in seinem Tagebuch: «Tiefer Ernst ging von ihm aus und er sprach wenig» (Tgb. 964). Diese kurze Notiz ist umso bemerkenswerter, als sie die Selbststilisierung Klees als noch nicht vollkommen entlarvt. Er war noch nicht zum Kristall geworden, der dieser Welt nicht mehr angehörte, auch wenn er sich gerne so sah.

Marc fiel am 4. März 1916 vor Verdun, was Klee lediglich mit einer kurzen Notiz in seinem Tagebuch notierte. Nur eine Woche später wurde Klee eingezogen, musste aber nicht mehr an die Front. Aufgrund der zahlreichen an der Front gefallenen Künstler und Musiker hatte der bayerische König entschieden, sie nur mehr in der Etappe einzusetzen, und Klee fand daraufhin zuerst eine Verwendung in einer Werftkompanie der Flieger in Schleißheim, ab Anfang 1917 dann als Schreiber in der Fliegerschule in Gersthofen. Der Verbleib in der Etappe bot Klee immerhin die Möglichkeit, auch während des Krieges seine künstlerischen Interessen weiterzuverfolgen. So war er zwar räumlich von seiner Familie getrennt, aber nicht von seiner Arbeit abgeschnitten. Die einzige Einschränkung war, dass er weiterhin in eher kleinen Formaten und auf Papier arbeiten musste, da Leinwand oder textile Bildträger nur schwer zu beschaffen waren. Dies barg aber immerhin eine gewisse Konstanz in seiner Arbeit. Bis dahin hatte Klee, abgesehen von nur wenigen Gemälden, immer nur in kleinen Formaten gearbeitet und behielt dies auch während des Krieges bei. Trotzdem brachte der Krieg, neben den belastenden Momenten, dass einige Freunde gefallen waren, die Gruppe des Blauen Reiters auseinanderfiel und die wirtschaftliche Situation für Klee schwieriger wurde, auch positive Erlebnisse. Dazu zählten beispielsweise eine verstärkte Wahrnehmung in der Öffentlichkeit nach der Teilnahme an Ausstellungen, die hauptsächlich durch Herwarth Walden mit seiner Berliner Galerie «Der Sturm» organisiert worden waren. Dies hatte auch einige Auswirkungen auf sein Werk. Retrospektiv stellte er in einem Brief an seine Frau im September 1917 die Frage, ob sich seine Malerei auch so schnell entwickelt hätte, wäre er nicht durch äußere Umstände dazu gezwungen worden. Die Anregungen, die er von Delaunays Malerei erhalten hatte, blieben weiterhin wirksam, wurden aber deutlich abgeändert. Klee malte während seines Militärdienstes viel in der Natur, schon um eine Kompensation und einen persönlichen Freiraum zu erhalten. Dabei bildete er die Natur nicht ab, sondern verwendete sie als Anregung, die, wenn überhaupt, als Andeutung in einem Titel erscheint, weniger als wahrnehmbare Struktur in seinen Bildern. Auch der Krieg selbst hinterließ kaum Spuren in seinem Werk, jedenfalls wird er weder formal noch thematisch erheblich reflektiert. Er schottete sich von der ihn umgebenden Welt des Krieges zunehmend ab und konzentrierte sich auf einen kosmischen Bezugspunkt. Dabei definierte er seine Position sehr deutlich in der Reflexion der Kunst seines gefallenen Freundes Franz Marc, den er wesentlich stärker als irdisch empfand. Mit seiner deutlicheren Orientierung auf seine persönlich verinnerlichte Stimmungslage schuf er sich einen Fluchtpunkt während seines Kriegsdienstes und war zudem in der Lage, sich thematisch weiterzuentwickeln. Aus dem Bezug zu Delaunay hatte sich durch die einfachen geometrischen Grundmuster und die konsequente Anordnung von Farbharmonien ein neues Verständnis von Malerei entwickelt, das nun weit über rein formale Fragen hinausging.

Aber auch bezüglich des handschriftlichen Œuvre-Katalogs hatte der Krieg bei Klee seine Spuren hinterlassen. Nach 1916, also ungefähr seiner Einberufung, ließ er ein Duplikat seines Katalogs anfertigen, das er später selbst weiterführte. Auch zwischen 1930 und 1933 führte er neben seinem eigentlichen «Hauptbuch» eine Abschrift, so dass er in beiden Ateliers, das heißt in Dessau und Düsseldorf, immer eine annähernd aktuelle Liste hatte. Gerade die frühen Duplikate, also diejenigen für die Werke vor 1921, vermögen teilweise Aufschluss über den Prozess der Registrierung, deren Zeitlichkeit und vor allem die Periodisierung der frühen Einträge zu geben. Dies ist vor dem Hintergrund der Verbindung von Titelfindung und eventueller späterer Überarbeitung wichtig und weil sich in den Abweichungen von Œuvre-Katalog und Duplikat oder vielmehr der Entwicklung der Einträge in der Werkliste selbst jener systematisierte Zugriff auf das eigene Werk zeigt, der sich dann zu Beginn der 1920er Jahre in anderen Bereichen ebenfalls ausbildet.

Aufgrund der verschiedenen Tinten, Federn und Schreibmittel lässt sich Klees Vorgehen bei der Registrierung verfolgen und auch chronologisch einordnen. Zwar ist dies am besten zwischen 1918 und 1920 zu erkennen, doch ergeben sich zum Teil ähnliche Beobachtungen auch für den späteren Zeitraum. In den 1920er Jahren beispielsweise registrierte er seine Werke immer in Gruppen, dabei zuerst die Gemälde, dann Aquarelle und farbige Blätter und erst am Schluss die Zeichnungen, auch wenn diese oft die Basis für die zuerst registrierten Gemälde waren. Der Werkprozess fand also im Œuvre-Katalog nur bedingt seinen Niederschlag. Trotzdem lässt sich mit dieser Liste zumindest der Prozess der Titelfindung nachvollziehen. Die Korrekturen, Streichungen oder Hinzufügungen bei den Titeln nehmen in den frühen 1920er Jahren insgesamt zwar nicht ab, bleiben aber doch in einem eher überschaubaren Rahmen. Es sind angesichts der Gesamtmenge der Titel eher singuläre Erscheinungen, wobei nichts darauf hindeutet, dass dahinter eine systematischere Praxis verborgen sein könnte. Gerade die Titelsetzungen zeigen aber den mitunter provisorischen Charakter der Einträge im Œuvre-Katalog und die entsprechenden nachträglichen Veränderungen. Insgesamt lassen sich zwei unterschiedliche Vorgehensweisen beobachten, wobei beide meist durch eine Differenz von Œuvre-Katalog und Duplikat einfach erkennbar sind. Häufig blieb im Duplikat die erste Titelsetzung stehen, wurde von Klee also später nicht geändert, so dass hier ein erstes Stadium erkennbar ist, wogegen im Œuvre-Katalog selbst der prozessuale Charakter der Titelfindung deutlich wird. Klee verwendete entweder eine primäre Notierung in Bleistift, über die er schließlich mit Feder schrieb, oder er korrigierte oder ergänzte bestehende Einträge. Es zeigt sich hieran, dass sich Klee nicht nur mehrfach mit seinen früheren Werken auseinandersetzte und dort eine entsprechende Revision vornahm, sondern diese Praxis auch später beibehielt. Klee scheint dabei keine eigentliche Systematik verfolgt zu haben, denn auch innerhalb einer gleichzeitig registrierten Gruppe oder bei gleichartigen Werken ergeben sich keine offensichtlichen Zusammenhänge zwischen vorgenommenen oder unterlassenen Titeländerungen. Im Gegenteil, es hat den Anschein, dass Klee hier intuitiv mehrmals seine eigene Werkliste abänderte, wobei der genaue Zeitpunkt häufig nicht eruiert werden kann. Die Tatsache, dass nicht alle Werke einer Gruppe von dieser Praxis betroffen sind, sondern es sich auf einzelne Beispiele beschränkt, deutet darauf hin, dass Klee hier jeden einzelnen Fall nach einer Erstregistrierung in Bleistift nochmals revidierte, falls er einen Handlungsbedarf zu erkennen glaubte.

Aber auch weitere Merkmale des handschriftlichen Œuvre-Katalogs zeigen, dass diese Liste nicht verabsolutiert werden kann, sondern dass sie in ihrem durchaus provisorischen Charakter und der in dieser Zusammenstellung erkennbaren Funktion als Gedächtnisstütze eine mögliche Basis für Klee war, sich sein eigenes Œuvre zu erschließen. Zwei Besonderheiten deuten darauf hin: zum einen die zwar sehr seltenen, aber doch anzutreffenden sogenannten Nachbuchungen und zum anderen die von Klee selbst angeführten Verweise auf eigene Werke.

Zuerst zu den Nachbuchungen. Zahlreiche Werke hatte Klee nach der Entstehung in seinem Œuvre-Katalog verzeichnet. Grundsätzlich gehörten zwar alle Werke, die vor 1911 entstanden waren, dazu, doch fällt auch hierbei auf, dass einige Werke nicht von Anbeginn der Registrierung an in dieses Verzeichnis integriert wurden, sondern erst später nachgetragen wurden. Diese Praxis ist für die 1910er Jahre durchaus nicht singulär und betrifft mit 46 Werken erstaunlich viele Fälle. Aber auch nach der Konsolidierung der Systematik des Œuvre-Katalogs und der meist halbwegs aktuellen Praxis der Registrierung kam es zu Auslassungen, Nachbuchungen oder zumindest zur Infragestellung der jeweiligen Datierung. So verbuchte Klee 1919 einige Werke nachträglich, indem er die Nummern 251–265 nach dem scheinbaren Abschluss des Jahres noch anhängte. Die Schrift ist deutlich anders, die Einträge wesentlich enger und mit einer dünneren Feder geschrieben und befinden sich teilweise auf einem eingeklebten Blatt. Zwar sind sie nicht explizit als Nachbuchung bezeichnet, doch deutet die Art des Eintrags darauf hin. Erst im folgenden Jahr führte er bei einigen Werken durch ein Anmerkungskreuz an, dass diese Werke möglicherweise nicht in diesem Jahr entstanden waren, er sie aber nun doch unter 1920 registrierte. In der entsprechenden Fußnote vermerkte Klee schließlich: «~~früher gemalt~~ Nachbuchung» oder «Nachbuchung». Ebenfalls 1920 unterließ er es, eine Arbeit mit der Nummer 1920, 26 zu registrieren; der Eintrag im Œuvre-Katalog fehlt, auch eine entsprechende Bezeichnung auf einem Werk ist nicht nachweisbar. Und im folgenden Jahr bemerkte er beim Eintrag von *Landschaft bei E. in Bayern*, 1921, 182: «vielleicht noch anno 1920?», stellte also seine eigene Datierung in Frage. Trotz seiner Zweifel änderte Klee aber seinen Eintrag nicht, auch wenn ihm möglicherweise selbst aufgefallen war, dass dieses Werk stilistisch kaum in diesem Jahr entstanden sein konnte. Offensichtlich war aber die Frage nach einer absoluten oder relativen Datierung für Klee wenigstens bis zur Mitte der 1920er Jahre von untergeordneter Bedeutung. Der eigentliche Werkprozess und die Bezüge zwischen den Werken scheinen für Klee wesentlich wichtiger und bedeutsamer gewesen zu sein. Dieser Bezug wurde von Klee schließlich auch mehrfach in seinen Titeln und in seinem handschriftlichen Verzeichnis thematisiert, sei es durch den direkten Verweis auf eine Zeichnung oder ein Aquarell oder sei es, dass die Zeichnung als Basis in seiner Werkliste ausgewiesen wurde.

Rezeption in den späten 1910er Jahren und Hinwendung zur Ölmalerei

Obwohl sich Klee nach seiner Nordafrikareise zuerst eher formalen Fragen stellte, hatte er sein Interesse an Landschaft als Bildthema nie verloren. Durch seine Erfahrungen in Tunesien und seine Auseinandersetzung mit Delaunay ergaben sich nun andere Anknüpfungspunkte für die Wahrnehmung von Landschaft und Natur. Er gab die figurativ-realistische Darstellungsweise vollkommen auf, zugunsten einer wesentlich stärker persönlich geprägten Sichtweise, die einen großen individuellen Interpretationsspielraum ließ. Die Ausstellungen 1917 hatten für Klee einen markanten Schub seiner Bekanntheit gebracht, der sich auch in zahlreichen Verkäufen niedergeschlagen hatte. Insgesamt zeigte sich Klee mehr als zufrieden über diese neuen Möglichkeiten, auch wenn er in seinem Tagebuch zu dieser Zeit fast ausschließlich seinen Alltag als Soldat rekapitulierte. Aber neben den Verkäufen ergab sich aus den Ausstellungen noch ein anderer Aspekt, indem nun Klee auch in Städten wahrgenommen wurde, in denen er vorher nicht zu sehen gewesen war. Zunächst schien dies kaum Auswirkungen zu haben, aber es zeigte sich in zunehmenden Verkäufen recht bald, dass Klee auch einen wirtschaftlichen Erfolg verbuchen konnte. Er stellte fast ausschließlich Arbeiten auf Papier aus, hauptsächlich in Ermangelung von größerformatigen Gemälden. Seine Produktion beschränkte sich auch weiterhin primär auf Aquarelle, Zeichnungen und kleine Gemälde, die er anschließend auf Karton aufzog und wie Aquarelle behandelte. Aber dieser Erfolg gab ihm die

Zuversicht, in der eingeschlagenen Richtung weiterzumachen. Langsam entwickelte sich seine Formensprache von der primär geometrischen Gestaltung hin zu einer wesentlich freieren Malerei. Sie beinhaltete zahlreiche symbolartige Elemente, wie stilisierte Bäume, Gebäude oder Vögel, und deuten somit eine scheinbar wiedererkennbare Landschaft an. Es ging dabei nicht mehr darum, wie in seinen früheren Zeichnungen und Aquarellen eine persönlich empfundene bestimmte Landschaft wiederzugeben, sondern darum, einen Stimmungswert und eine Grundhaltung darzustellen sowie eine Projektionsfolie für Gedanken zu entwickeln. Aus den einzelnen, einfachen Elementen ergibt sich in Kombination mit dem emotionalen Gehalt der dominierenden Grundfarben, meist Blau- und Rottöne, eine große Bandbreite von verschiedenen Möglichkeiten, die durch den jeweiligen Betrachter ausgefüllt werden können. Klee betonte in den jeweiligen Titeln, dass es sich bei den Bildern um Landschaften handelte, und legte damit Wert darauf, dass die Gegenständlichkeit seiner Werke erkannt wurde, aber diese gleichzeitig mit einem nicht-irdischen Bezug verbunden blieben.

Im Laufe des Jahres 1918 begann Klee nun, auf der Basis der Landschaftsdarstellungen der vorangegangenen Jahre, sich markant von seiner bisherigen Bildsprache zu lösen und neue Wege zu beschreiten. Dabei unterscheidet sich sein Vorgehen von demjenigen der vorangegangenen Jahre deutlich. So kehrte er merklich von einem direkt erkennbaren und vordergründigen geometrischen Muster ab, das er zuvor angewandt hatte. Er versuchte nicht nur formal, sondern auch technisch eine Art Konstruktion des Bildes. Häufig beinhaltete dies textile Bildträger und verschiedene Grundierungen, welche die Wirkung der Farben direkt beeinflussten. Eine Art Kulminationspunkt erreichte Klee mit einem kleinen Aquarell auf Kreidegrundierung, das er *mit dem Adler*, 1918, 85 (Farbtaf. IV), nannte. Es wurde zu Lebzeiten von Klee nie ausgestellt, was bereits darauf hindeutet, dass er dem Werk eine besondere Stellung beimaß. Es zeigt eine Landschaft mit verschiedenen Bäumen, einem Adler, der über einer Arkadenform inmitten eines stilisierten Waldes schwebt. Das zentrale und bilddominierende Auge ist dabei Hinweis auf die nicht-irdische Darstellung. Die einzelnen Motive wurden von Klee in anderen Werken dieses Jahres wieder verwendet, aber nur hier in dieser Kombination. Der rote Grund verleiht dabei dem Bild einen mystischen Charakter, möglicherweise hatte Klee deswegen eine Reihe von Werken dieses Jahres mit diesem leuchtenden Rot geschaffen. Aber noch aus einem anderen Grund nimmt dieses Werk eine besondere Stellung in Klees Werk ein und kann als besagter Kulminationspunkt verstanden werden. Bereits 1917 hatte Klee verschiedene Grundierungen auf unterschiedlichen Untergründen verwendet, um ihre jeweiligen Wirkungen zu erproben. Oft schien dabei die Kreidegrundierung durch die Farbschicht durch, die nicht ganz deckend aufgebracht war. Damit konnte Klee einen hellen, leicht gebrochenen Farbton erzielen, der seinerseits nicht rein und deshalb ein wenig unwirklich erschien. Im Gegensatz dazu verwendete er die Farben und die Grundierung in *mit dem Adler* in einer anderen Weise. Die Farben hier sind nun deckend aufgebracht, aber so, dass der Malprozess selbst nicht ohne weiteres erkennbar wird. Erst auf den zweiten Blick wird deutlich, dass einige Lagen nacheinander aufgebracht wurden und somit die Wirkung des Bildes erheblich beeinflussen. Das Ziel war dabei, nicht nur eine andere Farbbehandlung zu erzielen, sondern sich auch der Wirkung von Ölmalerei anzunähern. Bereits 1908 und 1909 hatte sich Klee über eine kontrollierte Konstruktion von farbigen Werken Gedanken gemacht und diese in seinem Tagebuch festgehalten, aber erst rund zehn Jahre später konnte er diese Ideen konsequent in seinen Aquarellen mit Landschaftsmotiven umsetzen.

Diese Werke entstanden alle noch während Klees Militärdienst. Im Januar 1917 war er in die Fliegerschule nach Gersthofen versetzt worden und brachte nun seine Zeit als Schreiber in der Kassenverwaltung zu. Insgesamt ließ ihm das gerade an den Wochenenden, die er teilweise dort zubringen musste, genügend Zeit, sich wieder verstärkt seinen künstlerischen Interessen und der Pflege seiner Reputation zu widmen. Im Dezember 1918 wurde er dauernd beurlaubt, bevor er im Februar 1919 endgültig demobilisiert wurde.

Damit war für ihn nicht nur die Rückkehr in seine gewohnte

Lebensumgebung verbunden, sondern sogar noch eine Intensivierung seiner bereits seit 1917 anhaltenden Phase äußerster Kreativität. Einen ersten Schritt unternahm er 1919, als er sich in München, im sogenannten Schlösschen Suresnes, ein Atelier mietete und damit seit langem wieder über einen Raum verfügte, in dem er sich ganz auf seine Malerei konzentrieren konnte. Nun hatte er endlich die räumlichen Möglichkeiten und die Zeit, sich verstärkt ausschließlich seiner Kunst zu widmen. Zuerst arbeitete er weiterhin auf Papier, fertigte einige Zeichnungen, hauptsächlich aber Aquarelle. Immerhin wurde damit der Prozess eingeleitet, der im Laufe des Jahres 1919 schließlich zur Ölmalerei führen sollte. Nach seinen nicht gerade sehr erfolgreichen und ermutigenden Versuchen während seiner Studienzeit in München und dann wiederum um 1909 hatte er sich nicht mehr in der Ölmalerei versucht und in Aquarellen auf verschiedenen Bildträgern sein bevorzugtes malerisches Mittel gefunden. In diesem Jahr aber, wohl auch bestärkt durch seinen zunehmenden Erfolg, widmete er sich wieder diesem Medium, diesmal erfolgreich. Obwohl Klee weitgehend die gleichen bildnerischen Mittel einsetzte wie in seinen Aquarellen, erreichte er zu Beginn seiner neuerlichen Auseinandersetzung mit der Ölmalerei noch nicht dieselbe Klarheit wie in seinen anderen Werken. Es zeigte sich, dass auch diese Entwicklung einen Prozess voraussetzte, ähnlich demjenigen, den er mit seinen Aquarellen bereits erfolgreich gemeistert hatte. Es ist deshalb auch kaum verwunderlich, dass Klee sehr schnell große Fortschritte erzielen konnte und selbstbewusst diese Gemälde teilweise auf Ausstellungen im selben oder folgenden Jahr zeigte. Die Gemälde lassen sich nicht tagesgenau datieren, deshalb ist schwierig zu bestimmen, wie schnell dieser Prozess vonstattenging. Aber mit dem Gemälde *Komposition mit Fenstern*, 1919, 156, trat Klee in eine neue Phase. Die Farbwirkung in den Ölgemälden ist zwar eine völlig andere als in den gleichzeitigen Aquarellen, aber Klee hatte sich nach einer ersten Annäherung nun so weit mit diesem Medium vertraut gemacht, dass es ihm gelang, in markant größeren Formaten ähnliche Gesamtwirkungen und Kompositionen zu erreichen. Zuerst arbeitete er weiterhin in kleinen Formaten, die ihm vertraut waren, und bezeichnete ein Werk aus einer ersten Gruppe von Gemälden auch selbst als «kl. Ölbild», wobei er zuerst noch Papier oder Karton als Bildträger verwendete und erst später auf textile Bildträger wechselte. Aber der wichtigste Schritt war getan: die neuerliche Auseinandersetzung mit der Ölmalerei. Dabei war es nicht einfach, das bisher Erreichte in eine andere Technik zu übertragen, sondern er musste genuin neue Lösungen finden, die in seinen Aquarellen so nicht möglich waren. Ein erstes herausragendes Beispiel ist das kurz nach seiner Fertigstellung in München ausgestellte Gemälde *Sumpflegende*, 1919, 163 (Farbtaf. V). Wiederum präsentiert Klee eine Landschaft mit einigen symbolhaft abstrahierten Elementen wie Bäume, eine Kirche, ein Haus sowie alles überragend ein Kopf. Es sind weitgehend ähnliche Elemente, wie er sie auch kurz zuvor in Aquarellen verwendet hatte, aber im Einzelnen sind die Mittel doch unterschiedlich. Nicht nur, dass die Grundstimmung durch ein markantes Grün eine andere Ausrichtung erfährt, auch die Behandlung der Farbe ist anders. Mit Aquarellfarben war es Klee zwar möglich gewesen, den weißen Bildgrund entweder des Papiers oder einer Grundierung durch Überlagerung zu verdecken, doch konnte er nie den Pinselduktus als bildgestaltendes Mittel einsetzen. Bei seinen Zeichnungen war dies möglich, bei farbigen Werken aber nicht. Hier wird nun der Pinselduktus neben den Farbharmonien und der Komposition in ihrer perspektivischen Aufbrechung, die nochmals leicht an Klees Auseinandersetzung mit dem Kubismus erinnert, zum bildbestimmenden Merkmal. Es ist kaum verwunderlich, dass gerade dies für Klee selbst zum wichtigen und zukunftsweisenden Mittel wurde. Im Laufe dieses Jahres entstand die enorme Anzahl von 49 Ölgemälden, was umso erstaunlicher ist, als Klee in seiner ganzen Entwicklung vorher nicht auch nur annähernd diese Menge produziert hatte und die Ölmalerei nach seinem anfänglichen Scheitern nicht praktiziert hatte. Zwar war es nominal bei weitem noch nicht das Medium, das Klee am meisten benutzte, aber die verschiedenen Gruppen von Ölgemälden, die sich in seinem Werk dieses Jahres ausmachen lassen, zeigen sehr deutlich, wie sehr ihn die

Ölmalerei beschäftigte und wie schnell sich gerade die Entwicklung in diesem Bereich vollzog. Der Vergleich mit einem anderen Schlüsselwerk dieses Jahres zeigt die atemraubende Geschwindigkeit dieses Prozesses. In *Bild mit dem Hahn und dem Grenadier*, 1919, 235 (Farbtaf. VI), knüpfte er zwar an einem ähnlichen Punkt an wie zuvor, aber er zerlegte die Elemente wesentlich stärker und gliederte damit die entstehende Landschaft deutlich kleinteiliger als in anderen Werken zuvor. Die Kompositionsprinzipien sind nun genuin anders als in seinen Aquarellen und orientieren sich an den technischen Möglichkeiten der Ölmalerei, nicht mehr an denjenigen der Aquarelle. Auch wenn thematisch noch eine große Nähe zwischen den beiden Medien erkennbar bleibt, entwickeln sich doch beide Werkgruppen fortan eigenständig weiter.

Aber auch aus anderen Gründen war das Jahr nach dem Kriegsende eine für Klee sehr spezielle Zeit. Klee hatte sich am 12. April dem «Rat bildender Künstler Münchens» und dem «Aktionsausschuß Revolutionärer Künstler» angeschlossen und engagierte sich somit aktiv in der sogenannten Räterepublik. Bislang hatte Klee stets versucht, seine politische Meinung als private Angelegenheit zu behandeln, und war deshalb politisch auch nicht in Erscheinung getreten, nun aber bezog er klar Stellung. Es sollte die Ausnahme bleiben, denn nach dem Zusammenbruch der Räterepublik musste Klee für einige Zeit in die Schweiz flüchten. Erst als sich die Lage wieder beruhigt hatte, konnte er nach München zurückkehren. Immerhin erinnerte sich Klee an seine Idee, sich als weltfremder Maler zu etablieren und sich dementsprechend einen Kosmos zu schaffen, der es ihm ermöglichte, an derartigen Ereignissen nicht mehr teilnehmen zu müssen.

Generalvertretung durch Hans Goltz

Wirtschaftlich veränderte sich Klees Situation nach dem Krieg grundlegend. Zu Beginn seiner Karriere war Klee lange Zeit unentschlossen geblieben, ob er eine Karriere als Maler oder als Musiker einschlagen sollte. Als bildender Künstler fühlte er sich unsicher, zudem führte der mangelnde Erfolg zu einer enormen Frustration. Die Diskrepanz, seinen Lebensunterhalt als Musiker und nicht als Maler zu verdienen, schien offensichtlich kaum auflösbar und war Movens für das verstärkte Streben nach persönlichem, vor allem aber wirtschaftlichem Erfolg. Seine Unzufriedenheit über die schleppenden und nur vereinzelten Verkäufe fand in seinen Briefen und in seinem Tagebuch mehrfach Ausdruck. Er hatte des Öfteren Versuche unternommen, privat Verkäufe anzuregen, aber nur mit bescheidenem Ergebnis. Auch ein erster Anlauf im Jahr 1911, eine Ausstellung bei Thannhauser in München zu organisieren, schlug fehl. Klee sah allgemein in Galeristen die einzige Chance, bekannt zu werden, vermehrte Ausstellungsmöglichkeiten zu bekommen und somit zu einem gesicherten und regelmäßigen Einkommen zu gelangen. Dementsprechend waren Galeristen wenigstens zu Beginn seiner Karriere für ihn auch diejenigen, die sein künstlerisches Fortkommen behindern und ihm damit die Möglichkeit auf geregelte Einkünfte verwehren wollten.

Mit der Akzeptanz durch Kandinsky und Marc und der Teilnahme an den Ausstellungen des Blauen Reiters änderte sich die Situation grundlegend. Hans Goltz in München und Herwarth Walden in Berlin waren zwei Galeristen, die der jungen Avantgarde offen gegenüberstanden und zahlreiche Ausstellungen organisierten. Was 1912 begonnen hatte, wurde, wenn auch seltener, während des Weltkrieges fortgesetzt, immer auch mit dem Ziel, an Privatsammler oder seltener an Institutionen zu verkaufen. Die Situation während des Krieges blieb aber unbefriedigend, teilweise weil Klee einige Dinge immer noch selbst organisieren musste, teilweise auch, weil Waldens Zahlungsmoral nicht immer sehr hoch war. Die Ausstellungen 1917 und in den folgenden Jahren, die damit verbundenen Erfolge und gesteigerte Bekanntheit führten dazu, dass Galeristen an ihn herantraten und er sich nicht mehr darum bemühen musste. So hatte kurz nach dem Krieg der Düsseldorfer Kunsthändler Alfred Flechtheim Klee eine Generalvertretung angeboten. Er schlug ihm zwei Varianten vor, entweder eine garantierte Mindestsumme bei einer höheren Kommissionsrate oder keine Mindestsumme, dafür wäre der Abzug, den Klee hinnehmen müsste, wesentlich geringer. Klee vertraute offenbar nicht in Flechtheims Qualitäten als Kunsthändler, sondern handelte einen entsprechenden Vertrag mit dem Münchner Galeristen Hans Goltz aus. Die wirtschaftliche Potenz, die sich aus seinem wachsenden Œuvre und der zunehmenden Akzeptanz durch den Kunstmarkt und Privatsammler ergab, war ihm dabei sehr wohl bewusst. Der Generalvertretungsvertrag eröffnete ihm die Möglichkeit, alle Aufgaben, die mit wirtschaftlichen Fragen zusammenhingen, wie Verkäufe, Organisation von Ausstellungen, der Kontakt zu auswärtigen Galeristen, Werbung oder Transporte, auf einen Ansprechpartner abzuwälzen.

Gerade Goltz hatte sich verschiedentlich für den Blauen Reiter und Klee engagiert und bot Klee den in diesem Moment interessanteren Vertrag an. Für Klee bedeutete ein solcher Schritt eine erhebliche Zäsur. Der Vertragstext spiegelt in der Sorgfalt der Formulierung die intensive Auseinandersetzung Klees mit dieser Angelegenheit wider und verdeutlicht, dass es Klee hierbei nicht ausschließlich um die Sicherung eines Mindesteinkommens, sondern ebenso sehr um die Mehrung seiner Bekanntheit und die Reduktion von Begleittätigkeiten ging. Bis zu diesem Zeitpunkt war die Familie noch immer abhängig von Lilys Tätigkeit als Musikerin. Dies begann sich erst mit der zunehmenden Bekanntheit Klees und den damit verbundenen Verkäufen langsam zu ändern. Der Vertrag mit Goltz, den Klee auf den 1. Oktober hin abschloss, zielte darauf ab, keine der Parteien in ökonomischer Hinsicht zu bevorteilen. Goltz erhielt das alleinige Verkaufsrecht für alle bereits entstandenen und zukünftigen Arbeiten Klees. Zugleich verzichtete Klee auf kommissionsfreie Atelierverkäufe, also auf Verkäufe, die Goltz nicht verrechnet wurden. Klee musste auch auf Atelierverkäufe den Goltz zustehenden Kommissionssatz verrechnen und zudem die Preise stabil halten. Im Gegenzug erhielt Klee die Garantie auf ein Mindesteinkommen von 15000 Mark, und Goltz verpflichtete sich, im folgenden Jahr eine Einzelausstellung auszurichten. Zudem war vorgesehen, dass Goltz ständig 20 Werke Klees in Herwarth Waldens Berliner Galerie «Der Sturm» deponieren und Alfred Flechtheim in Düsseldorf bei der Organisation einer weiteren Einzelausstellung behilflich sein musste. Insofern war der Vertrag mit Goltz nicht eine Vereinbarung über ein Monopol, sondern lediglich über die hauptsächliche Zusammenarbeit. Allerdings muss sie durch die privilegierten Zugriffsmöglichkeiten für Goltz nicht uninteressant gewesen sein. Trotzdem bleiben eine gewisse Unentschlossenheit und Ambivalenz in der Vereinbarung erkennbar, denn Klee wollte sich zwar ausschließlich an einen Kunsthändler binden, aber dabei nicht alle Kontakte zu anderen Galeristen aufgeben. Mit der Sicherheit des Vertrags im Rücken schien es Klee offensichtlich reizvoll, auch in Berlin und in Düsseldorf ständig präsent zu sein und somit die Absatzchancen zu vergrößern. Das langfristige Ziel – die Steigerung von Klees Bekanntheit – war klar, damit verbunden eine potentielle stärkere Absatzmöglichkeit und eine größere wirtschaftliche Unabhängigkeit. In diesem Zusammenhang war für Klee von besonderem Interesse, dass nun die ersten Erfolge der Ausstellungen während des Krieges auch erste Buchpublikationen zu seinem Werk anregten. Dies gab ihm nicht nur die Möglichkeit, seine Kunst wesentlich detaillierter als bisher darstellen zu lassen, sondern zudem auf eine weitergehende Bekanntheit hinzuwirken. Als erste Bücher erschienen 1920 die Biographien von Leopold Zahn sowie die von Hermann Wedderkop. Bereits 1917 hatte die Anzahl von Artikeln zu Klees Werken massiv zugenommen, ein Trend, der auch in den folgenden beiden Jahren noch anhielt, der aber 1920 und 1921 in den frühen Biographien einen ersten Abschluss fand.

Damit erscheint das Jahr 1919 als ein weiterer Wendepunkt in Klees Leben, nicht nur, dass er sich wieder ausschließlich seiner Kunst widmen konnte, auch seine wirtschaftliche Situation erhielt eine wesentliche Konsolidierung, indem mit dem Generalvertretungsvertrag die Basis für eine mittelfristige Sicherung der Lebensgrundlage gelegt war.

Bauhaus in Weimar und Dessau

Recht schnell zeigte sich, dass die Hoffnungen, die Klee offensichtlich mit diesem Vertrag verbunden hatte, Gestalt annahmen. Bereits im Mai und Juni 1920 veranstaltete Hans Goltz die große Retrospektive, zu der er sich verpflichtet hatte, und präsentierte mit 371 Arbeiten eine umfassende Übersicht über Klees bisheriges Schaffen. Dies war die überhaupt umfangreichste Ausstellung von Klees Werk bis zu diesem Zeitpunkt und förderte Klees Bekanntheit und die Auseinandersetzung mit seiner Kunst in einem kaum vorhergesehenen Maß. Zwar waren seit der Berliner Ausstellung 1917 bei Walden einige Artikel über Klee erschienen, nun aber versuchte er, sein Image wesentlich stärker selbst zu bestimmen. Ein erster Anknüpfungspunkt war ein Artikel des Kunstkritikers Eckhard von Sydow, der 1919 erschien und in dem Klee sich zu dem weltabgewandten Maler stilisieren ließ, der zu sein er in seinen Aquarellen und Gemälden vorgegeben hatte. Um dies auch in einem breiteren Kontext zu verwirklichen, stellte er den Autoren seiner frühen Biographien Ausschnitte aus seinen Tagebüchern zur Verfügung, in der Hoffnung, dass sie die von ihm projizierte Selbstwahrnehmung übernehmen würden. Hierfür redigierte und überarbeitete er sein Tagebuch, mit dem Ziel, entsprechende Ausschnitte zu extrahieren, die dann als authentische und zur angegebenen Zeit entstandene Passagen den Autoren zur Verfügung gestellt wurden. Leopold Zahn, Hausautor von Hans Goltz und dementsprechend mit der Erarbeitung der Monographie im Rahmen des Generalvertretungsvertrags beauftragt, folgte weitgehend Klees Vorstellung und präsentierte ihn als weltabgewandten, mystischen Maler. Das Ziel war dabei, die Nordafrikareise 1914 als einen plötzlichen Durchbruch darzustellen und nicht als einen Prozess, dem eine lange Auseinandersetzung mit Tonalität und ein Ringen um Farbigkeit vorausgegangen war. Die Unvorhersehbarkeit und Unmittelbarkeit des Ereignisses war dabei von besonderer Bedeutung. Die Zugehörigkeit zum Blauen Reiter war nicht ausreichend, ein Erscheinungsbild zu konstituieren, und deshalb bedurfte es einer anderen und unabhängigen Legitimation. Ein exotisches Reiseziel, wenn auch bei Künstlern seit dem 19. Jahrhundert populär, bot hierfür eine Möglichkeit. Klee konnte somit nicht nur die Aquarelle dieser Zeit als etwas Herausragendes bezeichnen, sondern die Plötzlichkeit des Durchbruchs als eine übernatürliche Gabe darstellen, die ihn in fast religiöser Weise der Welt enthob. Untermauert wurde dies durch die Verwendung eines Zitats, das als dem Tagebuch entnommen dargestellt wurde und mit dem sich Klee um 1920 endgültig als einen romantischen Künstler etablieren wollte. Es lautete: «Diesseitig bin ich gar nicht fassbar. Denn ich wohne grad so gut bei den Toten, wie bei den Ungeborenen. Etwas näher dem Herzen der Schöpfung als üblich. Und noch lange nicht nahe genug.» Programmatisch versuchte Klee sich nun konsequent als weltabgewandten Träumer und übernatürlich inspirierten Künstler darzustellen. Es war ein Prozess, der bereits während des Weltkriegs begonnen hatte, der aber erst mit der Ausstellung bei Goltz, den Publikationen zu Beginn der 1920er Jahre und schließlich seiner eigenen Vortragstätigkeit seine volle Wirksamkeit erfuhr.

Aber diese Strategie führte nicht zu einem vollständigen Erfolg. Im Gegensatz zu Zahn stellte Wilhelm Hausenstein im folgenden Jahr Klees Kunst wesentlich stärker in den Kontext einer Zivilisationskrise, die nach dem Weltkrieg zu bemerken war, auch wenn er Klee in der biographischen Konstruktion folgte, dass der Durchbruch als Maler ausschließlich und plötzlich in Tunesien erfolgt sei, in einer Art Erweckungserlebnis, das Klee wiederum eine pseudo-religiöse Attitüde verlieh. Klee hatte versucht, die Publikationen über sich selbst auf diese Weise gezielt zu steuern, musste aber einsehen, dass es ihm nur schwer möglich war. Lediglich in einer Publikation, zu der er selbst einen Text beigesteuert hatte, Kasimir Edschmids *Schöpferische Konfessionen*, war es ihm möglich, seine Anschauungen so darzustellen, wie er sich dies vorstellte, und damit seine Wahrnehmung in der Öffentlichkeit direkt zu beeinflussen.

Aber die Artikel und Bücher über Klee waren nicht die einzigen Publikationen, die 1920 entstanden. Bereits 1911 hatte er eine Gruppe von Zeichnungen als Illustration zu Voltaires *Candide* angefertigt, teilweise auf Papier, teilweise als Hinterglaszeichnungen, doch waren diese Arbeiten, trotz Versuchen vor dem Krieg, noch nicht publiziert. Marc hatte, die Bedeutung dieser Zeichnungen erkennend, versucht, Piper dafür zu interessieren, doch kam es zu keiner Publikation, genauso wenig wie

Jean Arps Versuche, den Falken Verlag dafür zu interessieren. Erst 1919 gelang es Klee, Kurt Wolff zu überzeugen, der das Buch mit den Reproduktionen im folgenden Jahr publizierte. Ein zweites Illustrationsprojekt fand wesentlich schneller einen Abschluss. Es handelte sich um Zeichnungen zu der expressionistischen Erzählung *Potsdamer Platz* von Curt Corrinth. Möglicherweise war Klee von Walden während seines Besuchs in Berlin 1917 dazu angeregt worden. So entstanden in den folgenden beiden Jahren einige Zeichnungen, die ebenfalls 1920 publiziert wurden. Obwohl sie zu unterschiedlichen Momenten in seiner Karriere begonnen worden waren, wurden beide Projekte in dem Jahr publiziert, in dem sein Erfolg erstmals deutlich wurde und sich seine Situation markant positiv veränderte.

Ebenfalls 1920, allerdings im Herbst, erhielt Klee von Walter Gropius den Ruf an das Staatliche Bauhaus in Weimar, eine der führenden avantgardistischen Kunstpädagogischen Institutionen im Nachkriegsdeutschland. Klee hatte bereits im Vorjahr versucht, eine feste Stelle an einer Akademie zu erhalten, was vor dem Krieg für einen Künstler, der zur Avantgarde gezählt wurde, undenkbar gewesen wäre. Mit den veränderten politischen Vorzeichen und vor allem den allenthalben erkennbaren kulturrevolutionären Bestrebungen war dies nicht mehr so kategorisch ausgeschlossen. Eine erste Möglichkeit ergab sich, als Oskar Schlemmer, ein linksradikaler Studentenvertreter, Klees Berufung nach Stuttgart betrieb. Dieses Projekt scheiterte, teilweise, weil sich eine Polemik um Klees Person mit antisemitischen Grundtönen ergab, aber hauptsächlich, weil Klees Kunst als zu subjektiv und damit als nicht lehrbar eingestuft wurde.

Im folgenden Jahr war die Situation anders. Das Bauhaus selbst war aus dem Berliner Arbeitsrat für Kunst hervorgegangen und wurde wesentlich von linksgerichteten Kritikern unterstützt. Klees Berufung basierte teilweise auf seiner Reputation, größtenteils aber auf seiner einmaligen politischen Stellungnahme und seinem Engagement in der Münchener Räterepublik, wo er sich als linker Künstler präsentiert hatte. Daneben hatte der bereits am Bauhaus lehrende Schweizer Johannes Itten Klee vorgeschlagen und protegiert. Itten, der bei Klees Vater Musik studiert hatte, verfolgte Klees Karriere während des Krieges sowie kurz danach und setzte sich nun für seine Anstellung ein.

Es mutet wie ein Paradoxon an, dass Klee, der in München nicht zum harten Kern des Blauen Reiters und damit der Avantgarde gehört hatte, nun durch seine politische Stellungnahme plötzlich an diejenige deutsche Kunstschule berufen wurde, die sich selbst als die progressivste apostrophierte und einen gesamtgesellschaftlichen Anspruch durchzusetzen versuchte. Klee konnte dies aber nur recht sein, denn damit konnte er sein Image als einer der führenden deutschen Künstler der Avantgarde festigen.

Mit dieser Berufung war eine Aufgabe verbunden, die Klee zwar nicht völlig fremd war, die aber sehr wohl für ihn eine Herausforderung darstellte. Die systematische Lehre, gerade auch im Hinblick auf die Zielsetzung von Gropius, Kunst mit handwerklicher und später industrieller Gestaltung zu verbinden und nicht als Ziel per se zu behandeln, musste für Klee als große Schwierigkeit erscheinen. Zwar hatte er 1908 in München bereits für wenige Monate als Lehrbeauftragter für Grafik gewirkt, aber nicht in dem breiten Kontext, der Gropius vorschwebte. Zu Beginn seiner Tätigkeit, die Klee Anfang Januar 1921 aufnahm, war die Lehrtätigkeit offensichtlich noch nicht sehr ausgeprägt. So konnte er zuerst noch im Rhythmus von vierzehn Tagen seinen Verpflichtungen in Weimar nachkommen. Er zog mit seiner Familie erst im Herbst nach Weimar.

Der Unterricht war dual aufgebaut, das heißt, jedem Formmeister, also einem Künstler des Kollegiums, war ein Handwerksmeister zugewiesen, die idealiter gemeinsam den praktischen und formalen Unterricht geben sollten. Klee hatte diese Rolle zuerst für die Buchbinderei und im folgenden Jahr für die Glasmalerei-Werkstatt inne. Dieses duale System wurde aber wegen Schwierigkeiten in der Umsetzung, gerade in der Buchbinderei, bald aufgegeben, und die Studenten erhielten einen umfassenden theoretischen Unterricht, der als künstlerische Grundlehre oder Vorkurs obligatorisch war und an den sich die praktische Ausbildung anschloss. Das große Ziel blieb aber die Vereinigung aller Künste in einem pseudo-mittelalterlichen Verständnis der Verbindung von Kunst und Handwerk.

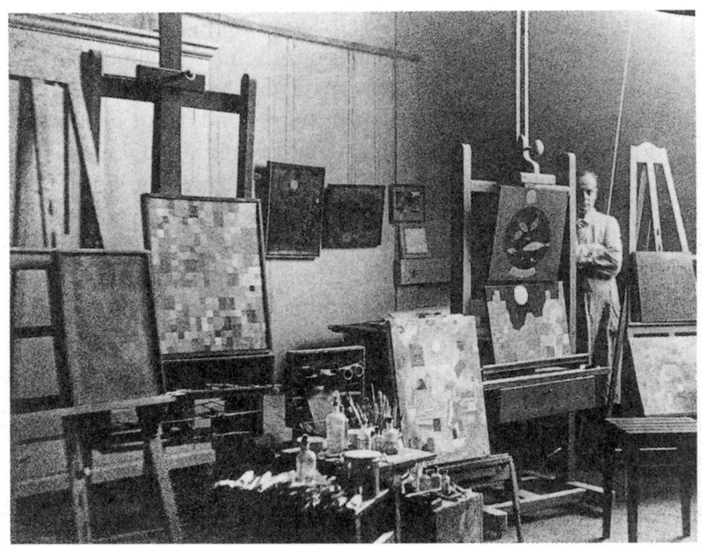

Abb. 5: Paul Klee in seinem Atelier im Bauhaus in Weimar, I. Hälfte 1926, Photo: Felix Klee

Klee hatte zwar bereits vorher theoretische Überlegungen angestellt, doch waren sie als Tagebucheinträge und Briefstellen, hauptsächlich an seine Frau Lily, eher privater Natur. Nun aber stellte sich ihm erstmals die Notwendigkeit, diese Gedanken für einen Unterricht zu systematisieren. Zwischen seinem Antritt zu Beginn des Jahres und der Aufnahme seines Vorkurses zum Wintersemester 1921/22 hatte er zuerst noch Zeit, Erfahrungen zu sammeln, beispielsweise Ittens Kursen beizuwohnen, seine Gedanken zu systematisieren und ein «Compositionspraktikum» im Sommersemester abzuhalten. Seinen Unterricht, den er «Beiträge zu einer bildnerischen Formlehre» nannte, bereitete er minutiös vor. Diese Formlehre bestand aus zwei Bereichen, einem kompositionellen, in dem Klee versuchte, die Prinzipien von Harmonie, Bewegung, Dynamik und Gleichgewicht zu erklären sowie deren Wirkung für das Werk und den Betrachter, und schließlich einem farbtheoretischen Teil, der sich weitgehend auf die Überlegungen von Goethe, Philipp Otto Runge, Delacroix und vor allem auf Kandinskys Schrift *Über das Geistige in der Kunst* stützte. Dabei ging es wiederum um die Fähigkeit, Harmonien, diesmal aber als reine Farbharmonien durchaus in einem musikalischen Sinn, zu erzeugen und bestimmte Wirkungen durch die Gegenüberstellung von Farben zu erzielen. Pädagogischer Ausgangspunkt dabei war für Klee eine eingehende Analyse eines Werks, teilweise Arbeiten von anderen Künstlern und teilweise seine eigenen, die er in Seminaren mit den Studenten vornahm. Er wollte damit verdeutlichen, welche Prinzipien hinter einer offensichtlichen ersten Wirkung stehen, um darauf aufbauend den Studenten Anregungen für ihr eigenes Schaffen an die Hand zu geben.

Spuren der Lehre

In Klees malerischem und zeichnerischem Werk hat diese Beschäftigung mit der eigenen Produktion selbstverständlich ihre Spuren hinterlassen. Klee hatte trotz seiner Lehrverpflichtung genügend Zeit, sich seiner Kunst zu widmen, was er auch ausgiebig tat. So entstanden 1921 etwas über 230 Aquarelle, Gemälde, Zeichnungen, Grafiken und Skulpturen, im folgenden Jahr sogar noch rund dreißig Werke mehr. Die Lehrtätigkeit war für Klee also zu Beginn keineswegs nur eine Bürde und zeitintensive Tätigkeit, sondern die große Anzahl von Werken verdeutlicht die Bereicherung, die er selbst dadurch erfuhr. Dementsprechend beschäftigte er sich in seinen Aquarellen und Gemälden auch zunehmend mit Fragen der Harmonie, des Farbgleichgewichts sowie formanalytischen Problemen, wie Raum, Bewegung und dem Zusammenhang verschiedener Formen in einem Werk. Anknüpfungspunkte waren dabei nicht nur die Arbeiten der vorangegangenen Jahre seit dem Ende des Krieges, sondern vereinzelt auch Themen, deren erste Bearbeitung bereits etwas weiter zurücklag. Grundsätzlich ging es ihm auch in seinem eigenen Werk um diejenigen Fragen, die ihn gleichzeitig als Lehrer beschäftigten. Ein herausragendes Beispiel hierfür ist das Aquarell *Die Zwitscher-Maschine*, 1922,

151 (Farbtaf. VII). Die mechanischen Vögel auf einer Stange, die entfernt an einen Grill erinnert, ironisiert die Maschinengläubigkeit der Futuristen, die noch vor dem Weltkrieg jede Mechanisierung verherrlichten, aber schon bald von Dadaisten, wie Max Ernst und Francis Picabia, kritisiert wurden. Wesentlich wichtiger für Klee war aber, dass er mit dem Motiv der sitzenden Vögel die Frage des Gleichgewichts verbildlichen konnte. Vögel sind an sich schon ein Symbol für Leichtigkeit und Gleichgewicht, sie aber als dürre Gestänge mit überdimensionalen Köpfen und damit in einer alles andere als natürlichen Gestalt darzustellen, und dabei sitzend und singend auf einer Stange, machte die Frage des Gleichgewichts nochmals brisanter. Auch farblich markieren sie einen wichtigen Bereich, indem sie zwischen einem oberen und unteren Bereich, die beide mit Weiß und Rot durchsetzt sind, kompositionell und farblich vermitteln und in ihrer Linearität einen eigenen Akzent bilden. Die verschiedenen Farbtöne fließen dabei ineinander, und obwohl sie nicht klar abgegrenzt als Farbfelder nebeneinanderstehen, wirken sie als eigenständige Bereiche. Klee verwendete diese spezielle Aquarelltechnik neben dem stärker geometrisierenden und strukturierenden Farbauftrag teilweise im Rückgriff auf seine Erfahrungen mit Schwarzaquarellen, wo er ähnliche Effekte, aber mit verschiedenen Grautönen, zu erzielen versucht hatte. Auch in einem anderen Punkt bezog sich Klee auf sich selbst oder nutzte seine eigenen Werke. Technisch ist das Blatt ein Aquarell über einer Ölpause. Dafür verwendete Klee generell eine bereits bestehende Zeichnung, legte ein weiteres Blatt darunter sowie ein Papier, das er zuvor mit schwarzer Ölfarbe eingestrichen hatte, und griffelte nun die Zeichnung durch. Damit konnte er eine Zeichnung oder auch nur Teile daraus auf einen anderen Bildträger kopieren und gleichzeitig einen anderen Charakter der Linie erzielen. Die vormals glatte Linie wird durch die Papierstruktur, die man gleichzeitig mitkopiert, zu einer eher malerischen Form, die keineswegs mehr einen klaren Umriss ergibt.

Für *Die Zwitscher-Maschine* bezog sich Klee auf eine im Vorjahr geschaffene Zeichnung, die er *Konzert auf dem Zweig*, 1921, 188, genannt hatte. Generell lassen sich bei Klees Zeichnungen, die er später als Basis für andere Werke wiederverwendete, kleine Unterschiede zu den Aquarellen oder Gemälden ausmachen. Es war für ihn eine Möglichkeit, eine Komposition weitgehend zu fixieren, ohne jeweils direkt in der anderen Technik zuerst zu einer definiten Bildlösung zu gelangen. Rein physisch war zwar die Zeichnung der Ausgangspunkt, aber trotzdem sah er in beiden Werken oder – falls sowohl ein Gemälde als auch ein Aquarell auf der Grundlage einer Zeichnung entstanden – sogar in allen dreien eigenständige Werke. Die Zeichnung war dementsprechend keineswegs nur ein Hilfsmittel, sondern eine Möglichkeit per se, der Klee immer eine große Bedeutung beimaß.

Klee hatte die Technik der Ölpause, wohl in Anlehnung an die damals üblichen Kohlepapiere, kurz nach dem Weltkrieg 1919 entwickelt, teilweise auch um Markterfordernisse zu erfüllen. Aquarelle waren nicht nur häufiger von Käufern gewünscht, sondern auch deutlich teurer. Durch den Generalvertretungsvertrag mit Goltz und die Vertriebskanäle, die sich damit ergeben hatten, bestand eine kontinuierliche Nachfrage nach Gemälden und farbigen Arbeiten auf Papier. Eine der Schwierigkeiten bestand nun darin, diese Käuferwünsche zu befriedigen, und zwar auf halbwegs arbeitsökonomische Weise. Und hierfür war dieses Verfahren ideal geeignet. Klee konnte seine Bildideen als Zeichnungen entwickeln und, wenn sie sich als erfolgversprechend herausstellen sollten, sie dann nochmals als Grundlage für ein anderes Werk verwenden. Andernfalls dienten sie ihm als Ausgangspunkt für die Suche in einer anderen Richtung.

Aber obwohl sich Klee in den ersten Jahren nach seiner Berufung ans Bauhaus weiterhin stark auf Arbeiten auf Papier konzentrierte, was sicherlich teilweise auch mit der noch immer stark eingeschränkten Nachfrage nach den wesentlich teureren Gemälden in direktem Zusammenhang steht, vernachlässigte er keineswegs sein malerisches Werk. Es bleibt aber gerade in diesem Jahr schwierig zu definieren, wo die Tafelmalerei beginnt und die farbigen Arbeiten auf Papier enden. Niemals zuvor hatte Klee so aktiv versucht, die Grenzen zwischen Aquarellen und Gemälden zu verwischen, teilweise durch textile Bildträger, die er in der Art von Papieren auf Karton montierte, teilweise durch die Verwendung von Grundierungen, welche die Aquarelle vollkommen anders wirken ließen, teilweise durch die gleichen malerischen Formen und einen ähnlichen Bildaufbau. Deshalb ist es auch kaum verwunderlich, dass Aquarelle entstanden, die physisch zwar als Arbeiten auf Papier zu gelten haben, aber in ihrer Wirkung Gemälden wesentlich näherstehen als gleichzeitig entstandene andere Aquarelle. Generalisieren lässt sich dies nicht, Klee behielt die enorme Bandbreite bei und schränkte sich keineswegs ein. Aber es ist auffällig, dass gerade 1922 sowohl in Aquarellen wie in Gemälden ähnliche Themen und Fragestellungen auftauchen, die ihrerseits auf die jüngste Auseinandersetzung mit Farbe, Harmonie und Farbstufung verweisen.

Naturstudium und Schichtungsbilder

Bereits zu diesem Zeitpunkt zeichnete sich ab, dass natürliche Formen und das Studium der Natur einen herausragenden Stellenwert in Klees Verständnis von Kunst behalten würden, auch wenn seine Gemälde und Zeichnungen keineswegs als ausschließliche Schilderungen natürlicher Gegebenheiten verstanden werden können. Klees primäres Interesse bestand nicht in einer bildlichen Nachahmung der Natur, sondern er konzentrierte sich auf die zugrunde liegenden bildwirksamen Prinzipien, die er für sein eigenes künstlerisches Schaffen nutzbar zu machen suchte. Darin eingeschlossen waren optische Phänomene, sowohl Farbharmonien gleichartiger Töne als auch die Darstellung von Bewegung, ohne diese ausschließlich durch Einzelmotive wie Pfeile darzustellen. Eine Lösungsmöglichkeit fand Klee in der Entwicklung einer neuen Aquarelltechnik. Diese bestand darin, sich die verschiedenen Farbtöne nicht mehr mischen zu lassen, sondern als Lasuren, das heißt als dünne Schichten, übereinanderzulegen und damit neue Farbtöne zu erzeugen. Der Nachteil dieser Technik war, dass die Schichten immer vollständig durchtrocknen mussten, damit sich die Farben nicht mischten, sondern klar übereinanderlagen. Das war zwar etwas zeitaufwendiger als Klees andere Arbeitsweise, Aquarell-

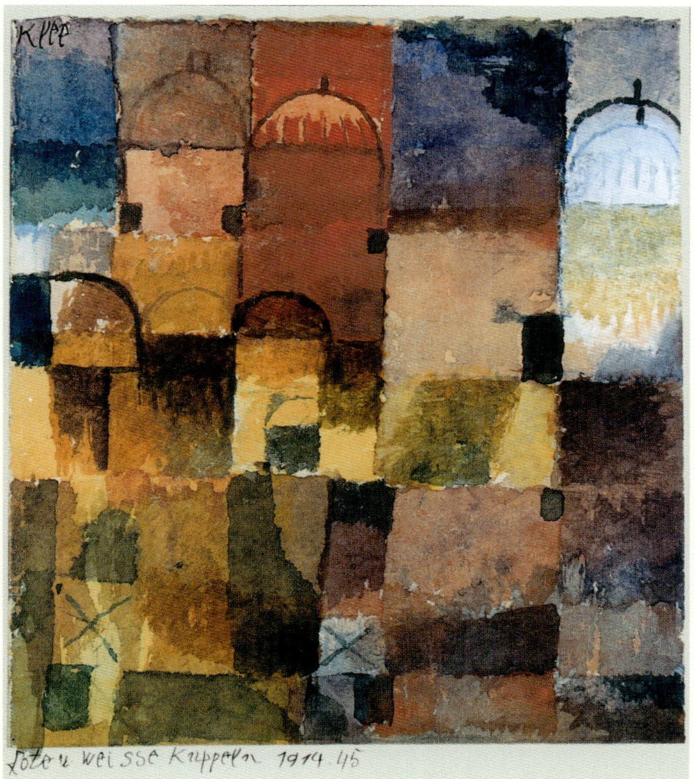

Farbtaf. I: *Rote u. weisse Kuppeln*, 1914, 45,
Aquarell und Gouache auf Papier auf Karton; 14,6 × 13,7 cm,
Kunstsammlung Nordrhein-Westfalen, Düsseldorf

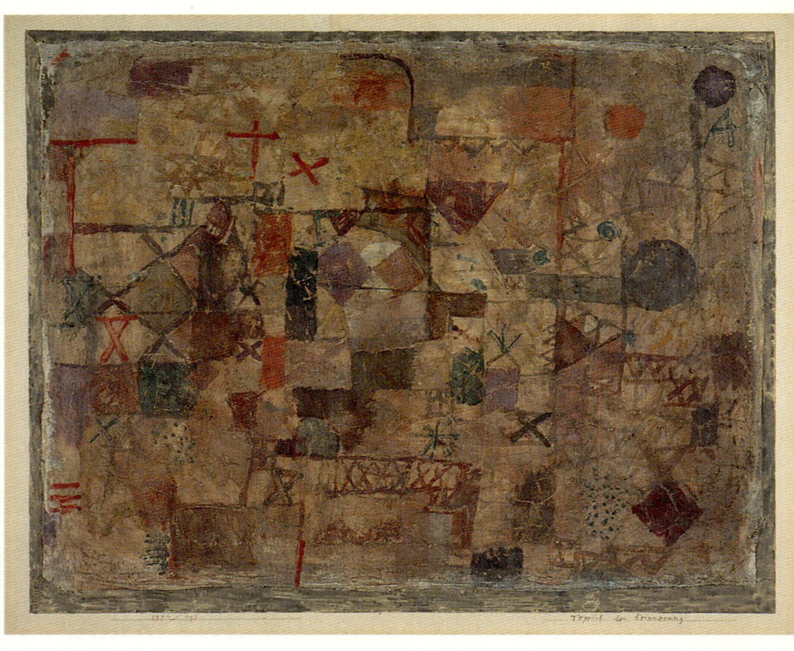

Farbtaf. II: *Teppich der Erinnerung*, 1914, 193,
Ölfarbe auf Öl- und Kreidegrundierung auf Leinen, mit Aquarell eingefasst,
auf Karton; 37,8/37,5 × 49,3/50,3 cm, Zentrum Paul Klee, Bern

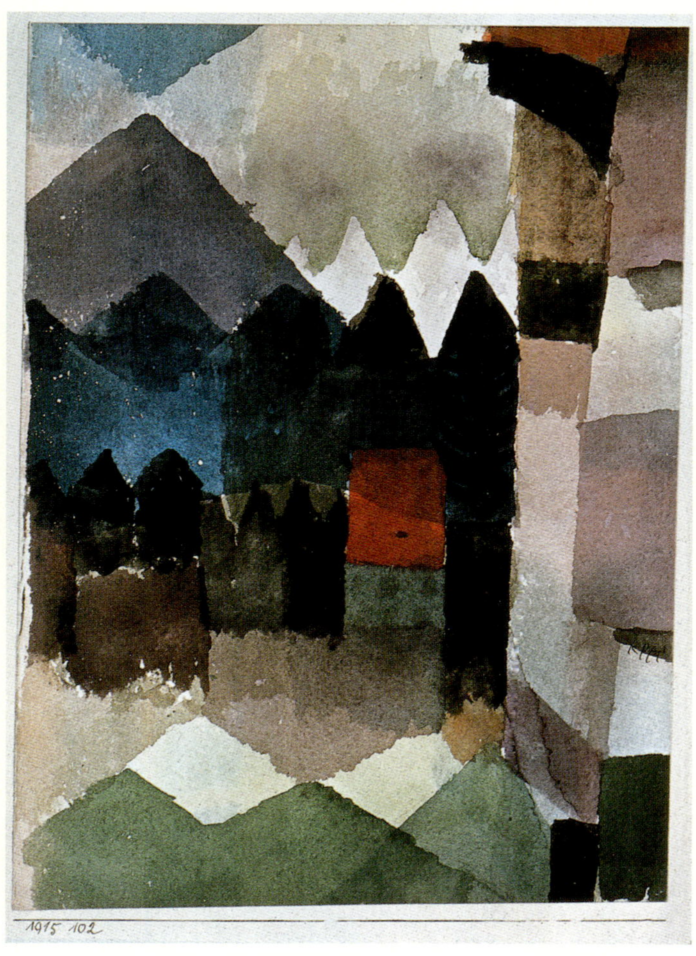

Farbtaf. III: *Föhn im Marc'schen Garten*, 1915, 102, Aquarell auf Papier auf Karton; 17,3 × 25,6 cm, Städtische Galerie im Lenbachhaus, München

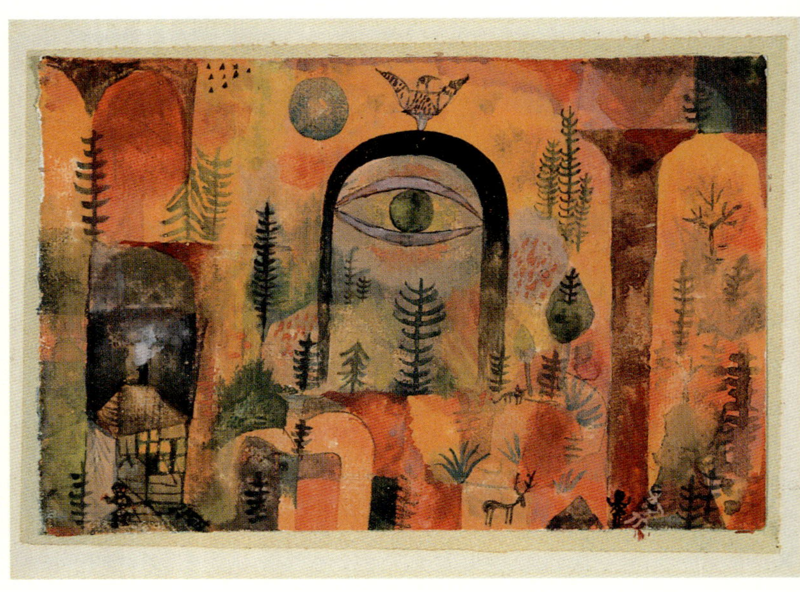

Farbtaf. IV: *mit dem Adler*, 1918, 85, Aquarell auf Kreidegrundierung auf Papier auf Glanzpapier auf Karton; 17,3 × 25,6 cm, Zentrum Paul Klee, Bern

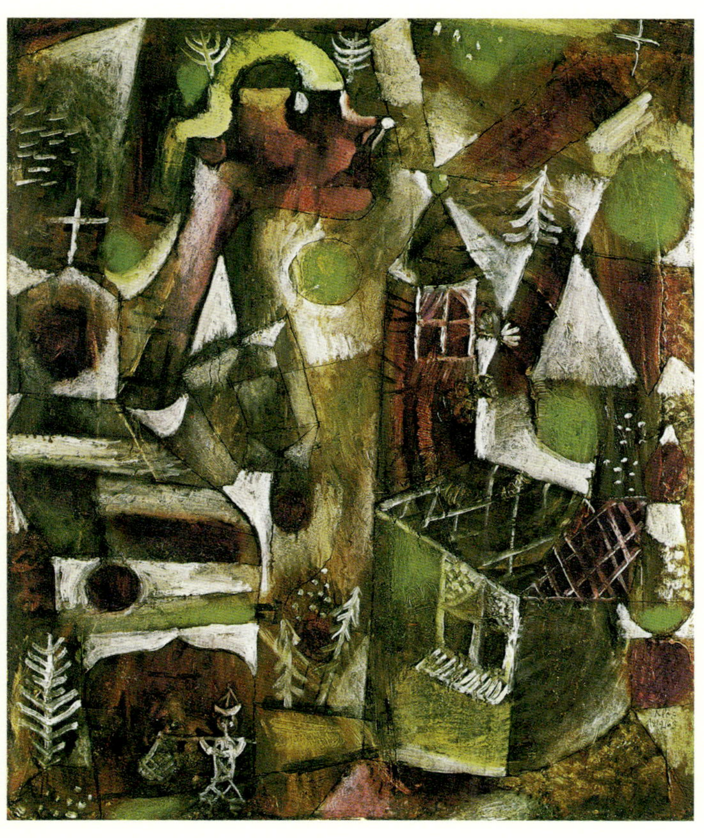

Farbtaf. V: *Sumpflegende*, 1919, 163, Ölfarbe und Feder auf wiederverwendetem, bemaltem Karton; 47 × 40,8 cm, Städtische Galerie im Lenbachhaus, München, Gabriele Münter und Johannes Eichner-Stiftung

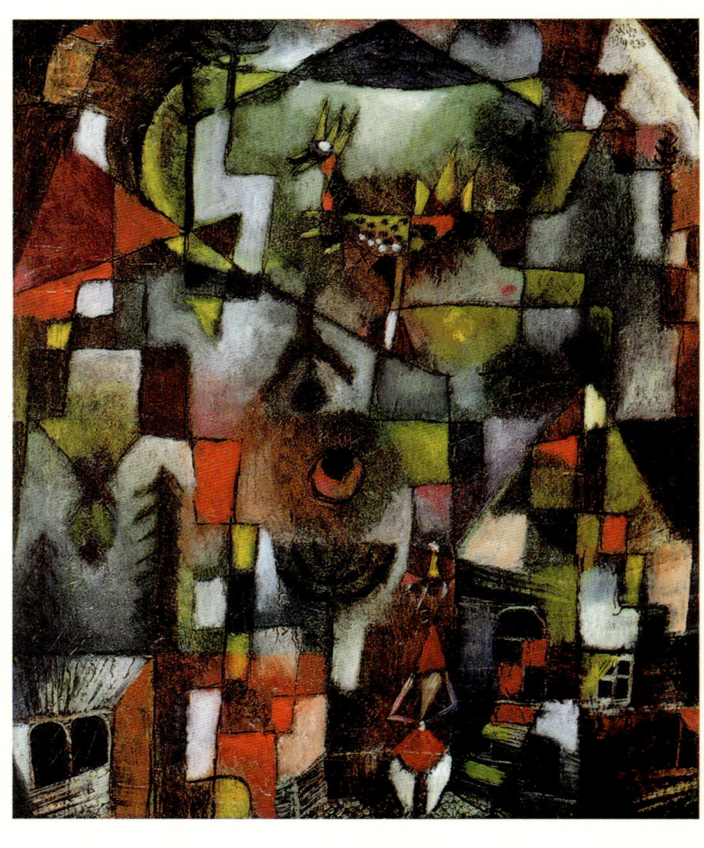

Farbtaf. VI: *Bild mit dem Hahn und dem Grenadier*, 1919, 235, Ölfarbe und Pinsel auf Karton; originale Rahmenleisten; 47 × 40,5 cm, Museum Sammlung Rosengart, Luzern

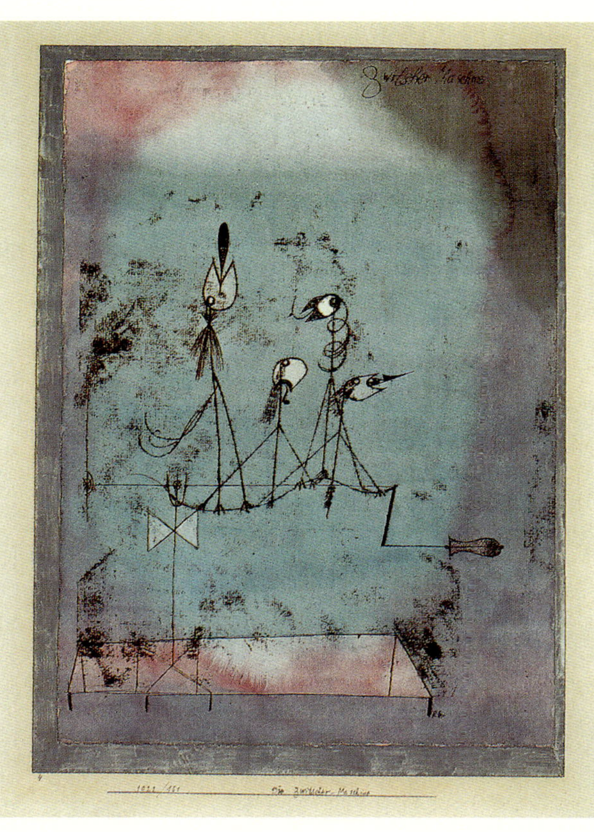

Farbtaf. VII: *Die Zwitscher-Maschine*, 1922, 151,
Ölpause und Aquarell auf Papier, mit Aquarell und Feder eingefasst, auf Karton;
41,3 × 30,5 cm, The Museum of Modern Art, New York,
Mrs. John D. Rockefeller Jr. Purchase Fund

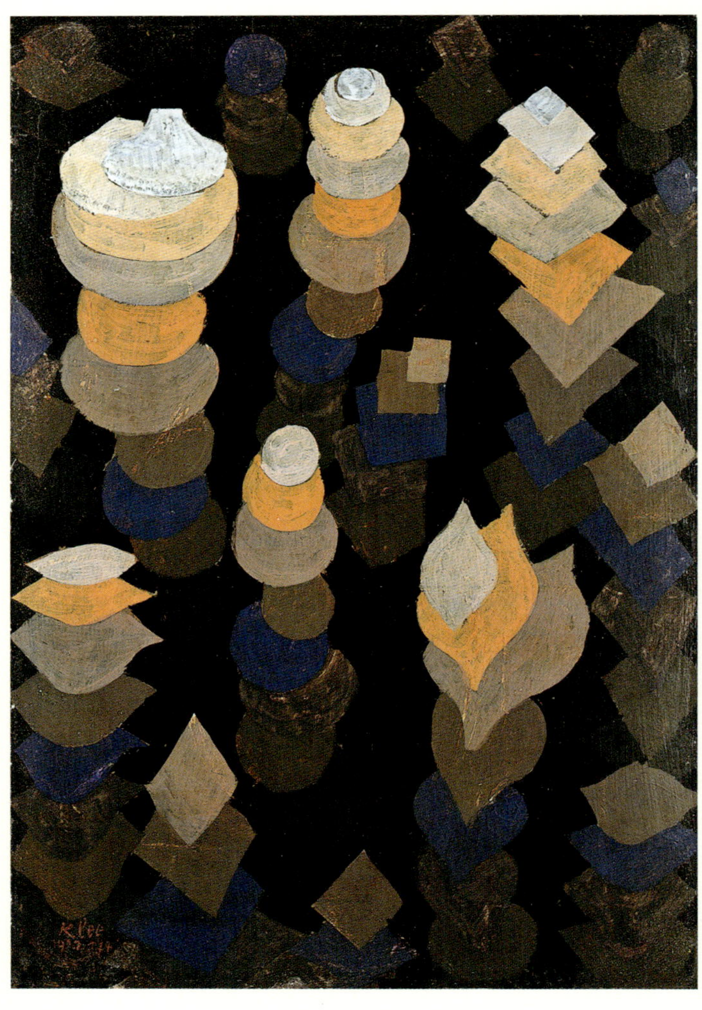

Farbtaf. VIII: *Wachstum der Nachtpflanzen*, 1922, 174,
Ölfarbe auf Karton; 47,2 × 33,9/34,1 cm, Bayerische Staatsgemäldesammlungen,
Pinakothek der Moderne, München

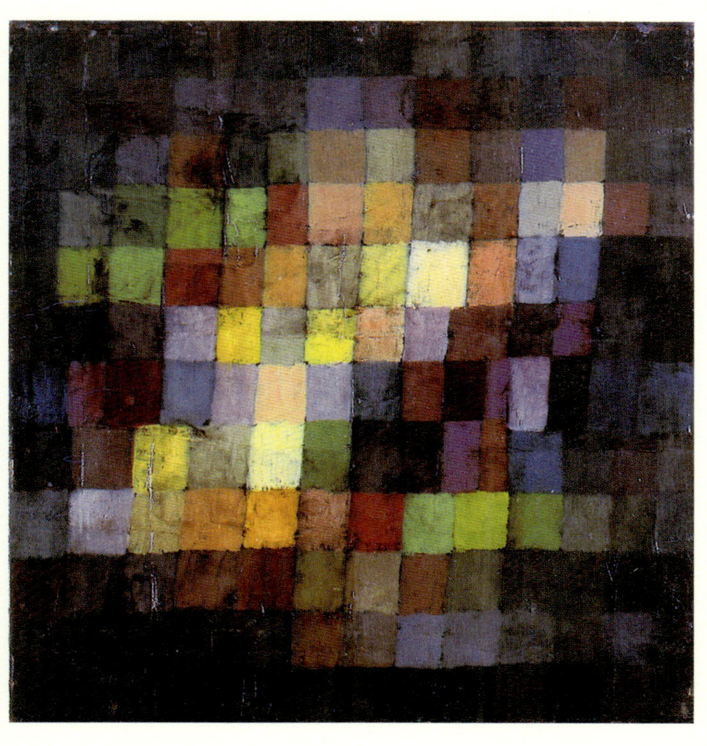

Farbtaf. IX: *Alter Klang*, 1925, 236 (X 6), Ölfarbe auf Karton, auf Rahmen genagelt; 38,1 × 37,8 cm, Öffentliche Kunstsammlung Basel, Kunstmuseum, Vermächtnis Richard Doetsch-Benziger

Farbtaf. X: *OZAR (Städtebild)*, 1928, 141 (E 1), Tempera, Ölfarbe und Ritzzeichnung auf Karton, auf Keilrahmen genagelt; 59,3 × 34,3 cm, Öffentliche Kunstsammlung Basel, Kunstmuseum, Depositum der Emanuel Hoffmann-Stiftung

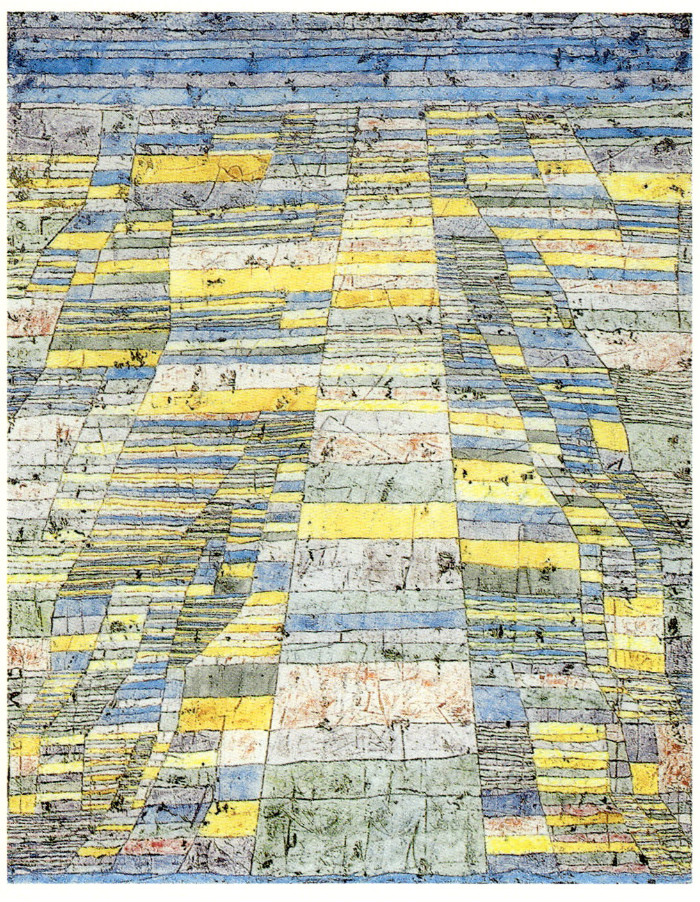

Farbtaf. XI: *Hauptwege und Nebenwege*, 1929, 90 (R 10), Ölfarbe auf Leinwand auf Keilrahmen; 83,7 × 67,5 cm, Museum Ludwig, Köln

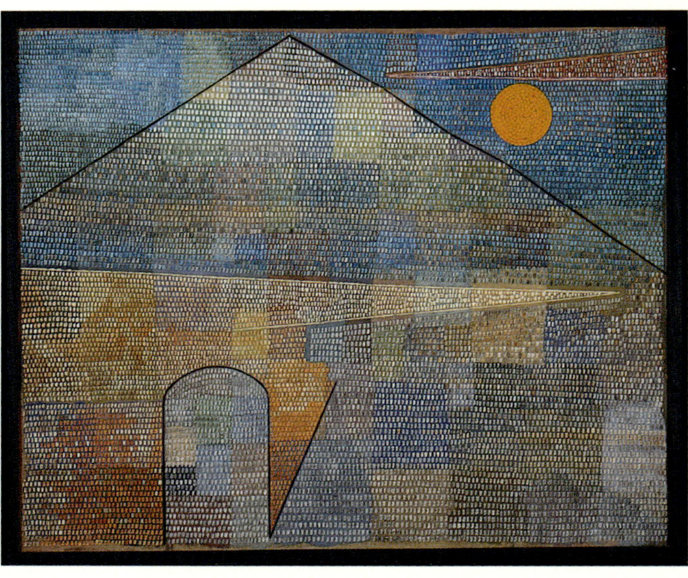

Farbtaf. XII: *Ad Parnassum*, 1932, 274 (X 14), Ölfarbe,
Linien aufgestempelt, Punkte zunächst mit Weiß aufgestempelt
und nachträglich übermalt, auf Kaseinfarbe auf Leinwand auf Keilrahmen;
originaler, gefasster Holzrahmen; 100 × 126 cm, Kunstmuseum Bern,
Dauerleihgabe des Vereins der Freunde des Kunstmuseums Bern

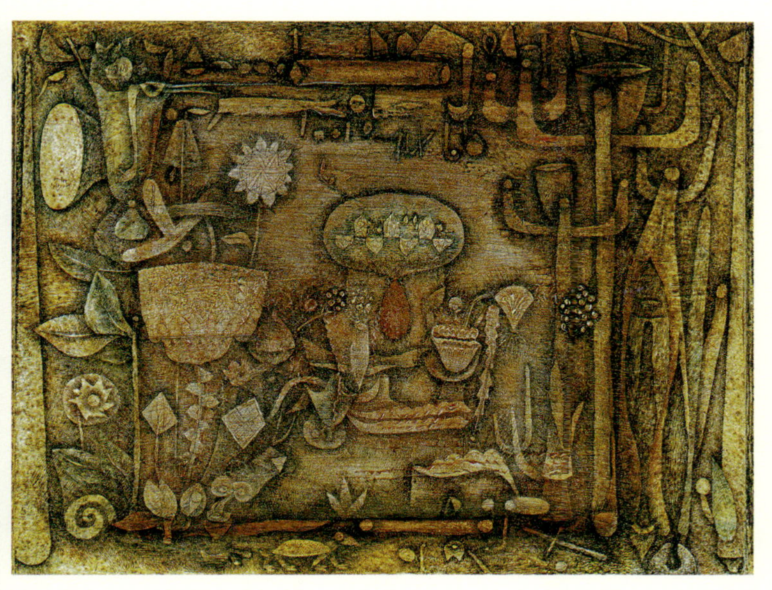

Farbtaf. XIII: *Botanisches Theater*, 1934, 219 (U 19), Ölfarbe, Aquarell, Pinsel und Feder auf Papier auf Karton auf Sperrholz; 50,2 × 67,5 cm, Städtische Galerie im Lenbachhaus, München, Gabriele Münter und Johannes Eichner-Stiftung

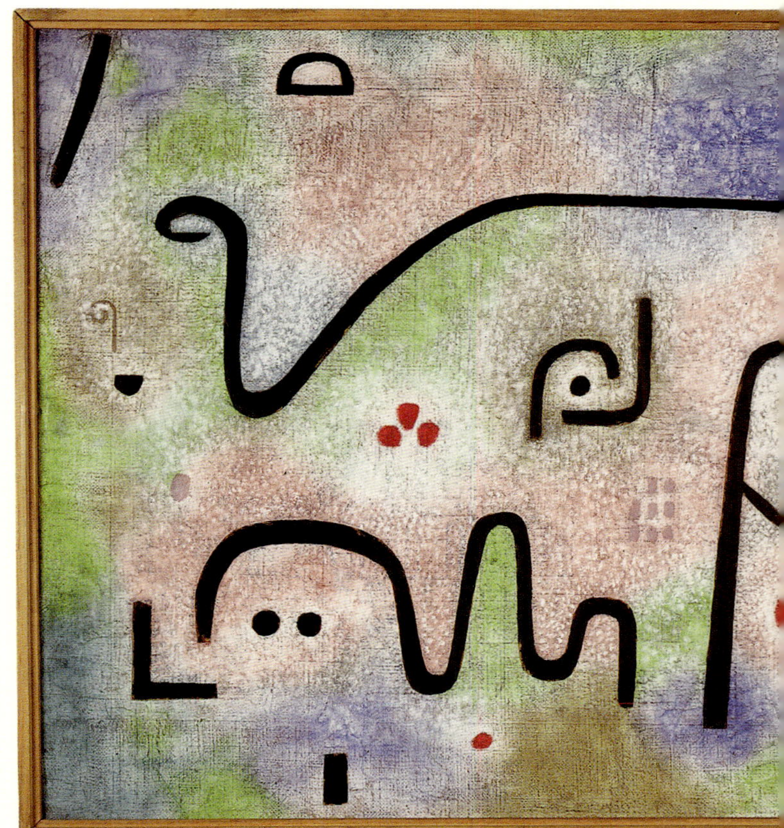

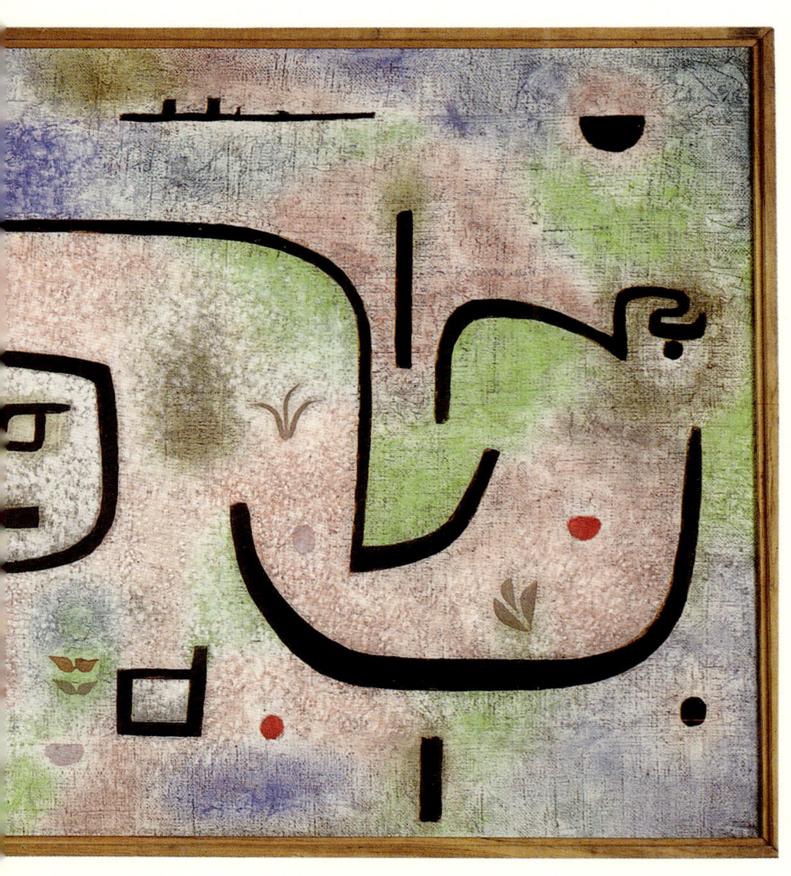

Farbtaf. XIV: *Insula dulcamara*, 1938, 481 (C 1), Öl- und Kleisterfarbe auf Zeitungspapier auf Jute auf Keilrahmen; originale Rahmenleisten; 88 × 176 cm, Zentrum Paul Klee, Bern

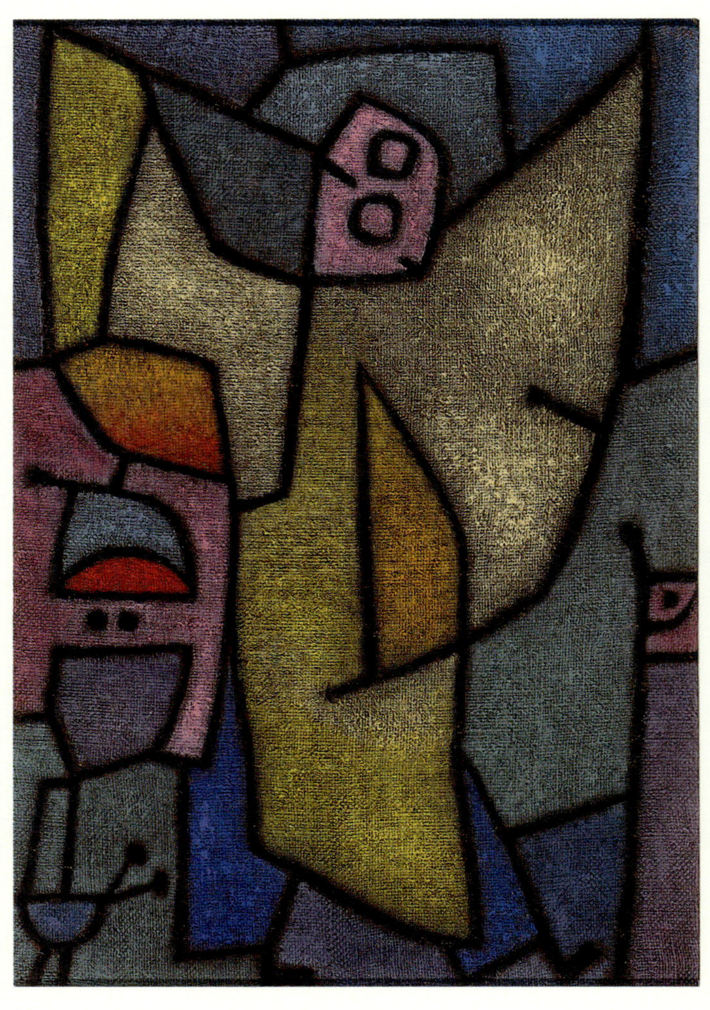

Farbtaf. XV: *Angelus Militans*, 1940, 333 (G 13), Öl- und Kleisterfarbe auf Kleistergrundierung auf Jute auf Keilrahmen; 70/72 × 50/52 cm, Staatsgalerie Stuttgart, Leihgabe der Sammlung Steegmann

farben nebeneinanderzustellen, ermöglichte ihm aber neue Wirkungen. In einigen Blättern mit unterschiedlichen Grundfarben verfeinerte Klee sehr schnell dieses System und ging dazu über, die Prinzipien auch in einigen Gemälden anzuwenden, aber meist beschränkte sich der Einsatz auf zwei oder drei Farben, die dann die unterschiedlichen Töne durch Überlagerung erzeugten. In den Gemälden war durch die andere materielle Charakteristik der Farbe der Prozess keineswegs so einfach zu erzielen. In *Wachstum der Nachtpflanzen*, 1922, 174 (Farbtaf. VIII), lassen sich das Prinzip wie auch die Schwierigkeit in der Umsetzung besonders deutlich nachvollziehen. Bei seinen Aquarellen musste Klee mit der hellsten Farbe beginnen, da sich durch die Überlagerung dann die dunklen Töne von selbst ergaben. Bei den Gemälden hingegen kehrte Klee das Vorgehen um, indem er mit den dunklen Farben begann und die hellen darüberplatzierte. Um das Wachstum und damit die Richtung der Bewegung andeuten zu können, musste Klee die dunklen Töne auch räumlich unter den hellen platzieren, so dass die in der oberen Bildhälfte sich befindenden blütenartigen Enden als Resultat der Bewegung erschienen. Gleichzeitig waren aber die Farben nicht mehr durch die Überlagerung verschiedener Töne erzeugt, sondern standen nun klar nebeneinander, auch wenn sie den Prozess der Aquarellmalerei imitierten.

In diesem Versuch zeigen sich einige wichtige Bestrebungen Klees zu dieser Zeit, die auch ihren Niederschlag in seinen theoretischen Überlegungen und seiner Lehrtätigkeit fanden. Zum einen versuchte er eine Harmonielehre zu definieren, die sich primär an einem musikalischen Verständnis orientierte. Dies schlug sich teilweise auch in seinen Titeln nieder. Mehrfach hatte Klee musikalische Begriffe, wie Fuge oder Scherzo, verwendet, um seine Ideen verständlich zu machen. Die Harmonielehre, sei es als Farbharmonie oder Komposition, hatte zwar eine wichtige Stellung inne, aber Klee betonte, dass sich die Fertigung eines Werks nicht nur auf eine geometrische Konstruktion zurückführen lasse oder auf eine Gesetzmäßigkeit, der man nur zu folgen brauche, um zu einem guten Werk zu gelangen. Die theoretische Auseinandersetzung mit der Bildgestaltung mündete in einer Reihe von Publikationen und Manuskripten: begonnen mit dem Manuskript «Beiträge zur Bildnerischen Formlehre», die Klee 1921–1923 vorbereitete, aber nie selbst publizierte, einem 1923 erschienenen kurzen Artikel «Wege des Naturstudiums» und einem Vortrag, den er 1924 in Jena im Rahmen einer Ausstellung hielt. Darüber hinaus sind sein Manuskript zu erwähnen, das er zu Beginn seiner Lehrtätigkeit erstellt hatte und aus dem er 1925 ausgewählte Texte als Band in einer vom Bauhaus herausgegebenen Reihe unter dem Titel *Pädagogisches Skizzenbuch* erscheinen ließ, sowie vor allem mehrere tausend Seiten zur Vorbereitung seines Unterrichts.

Bei all diesen theoretischen Überlegungen stand für Klee, wie er in seinem Vortrag in Jena ausgeführt hatte, der Prozess des Schaffens im Zentrum und weniger das Ergebnis an sich, also das Kunstwerk, das aus diesem Prozess resultierte. Zwar behielt auch das Kunstwerk in all dieser Zeit seine Bedeutung für ihn, doch konzentrierte sich Klee nun wesentlich stärker auf die Phänomene, die zu dessen Erschaffung führten. Die Jahre des Bauhauses in Weimar waren für ihn erstaunlich anregend und fruchtbar. Seine Stellung als Lehrer mit einem geregelten Einkommen sowie die Einkünfte aus dem Generalvertretungsvertrag ermöglichten ihm die bürgerliche Lebensform, die er lange Zeit angestrebt hatte. Zwar wurden die Einkünfte dieser Jahre größtenteils durch die galoppierende Inflation und die enorme Wirtschaftskrise wieder zunichtegemacht, doch hatte dies auf Klees Lebensstandard keinen erheblichen Einfluss. Die Diskrepanz zwischen seiner bürgerlichen Lebensform und der Konstruktion als individualisierter, fast vereinzelter und gedankenverlorener Maler, der auf der Suche nach kosmischen Themen das irdische Leben nur beiläufig wahrnimmt, fiel dabei in der Öffentlichkeit praktisch nicht auf. Auch wenn Klee es weitgehend zu negieren versuchte, so hatte trotzdem diese Existenz durchaus ihren Platz, teilweise in der Form seiner Anstellung, aber auch durch seinen Generalvertretungsvertrag und seine Zusammenarbeit mit Kunsthändlern. Vorerst aber wurde sein Leben durch wichtige andere Ereignisse geprägt. Das Bauhaus geriet 1924 ins Kreuzfeuer rechtsnationaler Kreise und über-

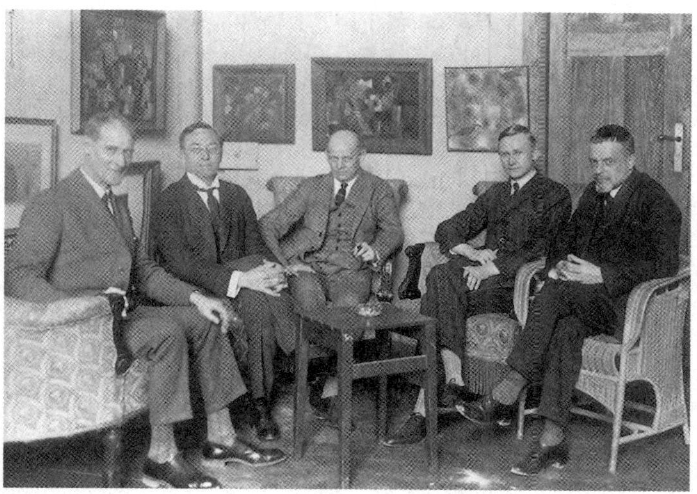

Abb. 6: Lyonel Feininger, Wassily Kandinsky, Oskar Schlemmer, Georg Muche und Paul Klee in Klees Atelier am Bauhaus, Weimar, Frühjahr 1925, Photograph unbekannt

stand nur knapp einige Diskussionen und Angriffe im Thüringischen Landtag. Dies führte im Dezember desselben Jahres dazu, dass sich das Bauhaus in Weimar zum folgenden April auflöste. Im März 1925 gelang es in Abwesenheit des Direktors Walter Gropius den drei Meistern Georg Muche, Lyonel Feininger und Klee, die Stadt Dessau davon zu überzeugen, das Bauhaus als Institution aufzunehmen und finanziell zu unterstützen. Der Umzug erfolgte im Sommer 1925, und bereits im folgenden Jahr wurden das Bauhaus in Dessau als Hochschule anerkannt und die Meister dementsprechend zu Professoren ernannt. Ebenfalls 1926 konnte Klee in eines der von Gropius entworfenen «Meisterhäuser» einziehen, wobei die andere Hälfte das Ehepaar Kandinsky bewohnte.

Aber auch abgesehen von diesem Ortswechsel und den neuen Umständen am Bauhaus änderte sich Klees private Situation. Im Jahr 1924 hatte er sich mit Kandinsky und Feininger, die beide ebenfalls am Bauhaus unterrichteten, sowie Alexej von

Jawlensky, mit dem er seit seiner Zeit im Blauen Reiter befreundet war, zu der Gruppe «Die Blaue Vier» zusammengeschlossen. Die Anregung war von der Kunstvermittlerin und Händlerin Galka Scheyer ausgegangen, doch war die Gruppe wesentlich mehr als lediglich eine Marketingstrategie. Die Freundschaft der vier Maler umfasste den Austausch regelmäßiger Bildergeschenke. Damit war nicht nur die Möglichkeit gegeben, sich mit den Fragen auseinanderzusetzen, die für die anderen Gruppenmitglieder zu einem beliebigen Zeitpunkt von besonderem Interesse waren, sondern zugleich wurde auch die Kommunikation untereinander institutionalisiert, indem auf die entsprechenden Geschenke sowohl in Form von Werken als auch brieflich oder mündlich reagiert werden musste. Mit Kandinsky verband Klee dabei die engste Freundschaft, und das wechselseitige Verschenken ihrer Werke mutet mitunter wie ein versteckter Kommentar der Arbeiten des anderen an. Bei all diesen Bildergeschenken versuchten die vier aber, ein Gleichgewicht bezüglich der Anzahl wie des jeweiligen monetären Werts zu halten. Es war für alle, speziell aber für Jawlensky, der als Einziger nicht am Bauhaus lehrte und damit nicht die Möglichkeit eines täglichen Umgangs mit den Freunden hatte, von besonderer Bedeutung. Zwar war die primäre Idee, eine Gruppe in der Nachfolge des Blauen Reiters zu etablieren, ohne diese aber zu kopieren. So sollten bessere Absatzchancen erschlossen werden, aber es zeigte sich schnell, dass der Zusammenhang innerhalb der Verbindung weit darüber hinausging und mitunter sehr persönliche Mitteilungen beinhaltete. Erste Ausstellungen der Gruppe bei Galka Scheyer in Berlin waren ein Erfolg gewesen, und so ermutigt, siedelte die Galeristin 1925 nach New York über, wo sie versuchte, an den Erfolg in Deutschland anzuknüpfen. Auch wenn es nicht im gleichen Umfang gelang wie in Deutschland, war dadurch immerhin eine umfassendere Ausstellungstätigkeit gewährleistet als bisher.

Ebenfalls 1925 fand noch ein weiterer grundlegender Wechsel für Klee statt. In gegenseitigem Einverständnis beendete Klee seine Zusammenarbeit mit Hans Goltz in München. Der zuerst auf drei Jahre abgeschlossene Vertrag wurde zweimal, bis 1925, verlängert, dann kündigte Klee ihn, ohne einen Exklusivvertrag mit einem anderen Galeristen abzuschließen. Allerdings ergab sich in der Kooperation mit Rudolf Probst in Dresden eine Situation, die sich nur de jure, aber nicht de facto von der Zusammenarbeit mit Goltz unterschied. Klee hatte nach dem Ende des Generalvertretungsvertrages begonnen, wesentlich enger mit Probst zusammenzuarbeiten. Ausgangspunkt war die Idee, exklusiv eine reine Aquarellausstellung zu veranstalten, die aber durch zahlreiche Zeichnungen angereichert werden sollte. Dabei wollte Klee, dass die Auswahl nicht vollständig von ihm vorgenommen wurde, wie er es vor dem Generalvertretungsvertrag stets gemacht hatte, sondern er lud Probst ein, zusammen mit ihm die Exponate zu bestimmen. Erstmals wurde einem Kunsthändler damit die Möglichkeit geboten, in Klees Atelier Werke für Ausstellungen auszusuchen, sich also einen umfassenden Überblick zu verschaffen.

Seit 1912, als sich die Zusammenarbeit mit Galeristen im Rahmen der Ausstellung des Blauen Reiters intensivierte, war Klee daran interessiert, möglichst oft, aber in einer für ihn vorteilhaften Umgebung präsent zu sein – sei es durch Leihgaben an Museen, sei es durch Ausstellungen in Museen und kommerziellen Galerien. Hierfür nutzte er nicht nur die Möglichkeiten des Vertrags mit Goltz und dessen Netzwerk sowie seine eigenen Kontakte zu deutschen Kunsthändlern, sondern auch die Verbindungen, die Galka Scheyer in den USA aufgebaut hatte. Nach dem Ende der Zusammenarbeit mit Goltz hatte Klee versucht, seine Aktivitäten durch die Kontakte zu anderen Galeristen breit abzustützen und damit das Risiko einer weitgehenden Abhängigkeit von einer Person zu minimieren. Zudem wollte er eine umfassende Bekanntheit durch zahlreiche Ausstellungen an verschiedenen Orten erreichen und dadurch die Markt- und Verkaufschancen erhöhen. Um seinen organisatorischen Aufwand möglichst niedrig zu halten, begann Klee, ein festes Preissystem einzusetzen. Es bestand aus acht Klassen sowie einer Sonderklasse. Diese Werke der Sonderklasse standen grundsätzlich nicht zum Verkauf, sie wurden von Klee als Teil einer repräsentativen Nachlass-Sammlung angesehen und dementsprechend für sich zurückgehalten. Trotzdem stellte er sie für Ausstellungen zur Verfügung. Ebenfalls nicht mehr zum Verkauf gelangten nach 1925 sämtliche Zeichnungen, die er als eine Art Bildarchiv in diese Nachlass-Sammlung integrieren wollte, aber trotzdem noch ausstellte. Das System der Preisklassen ermöglichte ihm nicht nur, die Verkäufe und Preise einfacher zu kontrollieren, sondern er ersparte sich auch die Diskussionen um Preisnachlässe, die immer wieder an ihn herangetragen wurden. Klee wandte das Preissystem auf alle Werke an, also auch auf diejenigen, die vor 1925 entstanden, aber bislang nicht verkauft worden waren.

Sowohl die Auswahl der Werke und die Zusammenstellung von Sendungen für verschiedene Galeristen als auch das System der Ausstellungsvorbereitung und der Preisklassen versetzten Klee in die Lage, schnell auf die zeitgeschichtliche Situation zu reagieren. Die inzwischen erfolgte Beendigung einer ausschließlichen Bindung an einen Galeristen und das damit einhergehende monatliche fixe Einkommen war auch der Beweggrund für den Braunschweiger Sammler Otto Ralfs, einige gleichgesinnte Sammler davon zu überzeugen, eine Unterstützungsgesellschaft für Klee zu gründen. Klee erhielt damit ein monatliches Fixum von den Mitgliedern der Gesellschaft und stellte ihnen im Gegenzug eine Auswahl von Werken zusammen, die sie zu ermäßigten Preisen beziehen konnten. Damit war allen gedient, Klee konnte seine wirtschaftliche Basis unabhängig von seinem Einkommen am Bauhaus sichern, und die Sammler erhielten seine Werke zu einem günstigeren Preis, wodurch einige in der Tat angeregt wurden, vermehrt Arbeiten anzukaufen.

Quadratbilder

Dank der zunehmenden Routine und einer klareren Vorstellung der Beziehung von Lehre und eigener künstlerischer Praxis fand Klee wieder wesentlich mehr Zeit, seiner Kunst nachzugehen. War zu Beginn seiner Lehrtätigkeit noch eine enge Verbindung zwischen seinen theoretischen Überlegungen, dem Aufbau seiner Vorlesungen und Kurse sowie seinen eigenen Werken erkennbar, lockerte sich diese Beziehung ein wenig in den folgenden Jahren. Obwohl sich Klees Produktion nominal auf einem hohen Niveau stabilisiert hatte, lassen sich doch Unterschiede in den einzelnen Jahren erkennen. Der Schwerpunkt während Klees Zeit am Bauhaus lag auf farbigen Werken, entweder als Aquarelle oder als Gemälde. Aber sein Werk war zu dieser Zeit keineswegs statisch, sondern es unterlag einem großen Wandel. Nur zu Beginn seiner Tätigkeit am Bauhaus lässt sich dieser mit seiner Lehraufgabe erklären. Später tritt ein rückkehrendes primäres Interesse an der kritischen Auseinandersetzung mit seinem eigenen Werk zunehmend in den Vordergrund. Während zu Beginn seiner Zeit am Bauhaus seine Werke das Interesse an theoretischen Fragen widerspiegeln, ist es um 1924 und in den folgenden Jahren dann eher so, dass der Unterricht stärker von seinen Interessen als Maler bestimmt wird und damit Elemente Eingang finden, die zuerst in seinen Gemälden und Aquarellen entwickelt wurden. Wichtige Beispiele hierfür sind die sogenannten Quadratbilder. Sie entstanden nach 1923 und waren wohl als Experiment im Zusammenhang mit der Entwicklung seiner Theorie entstanden, doch verselbständigten sie sich sehr schnell zu einem eigenen Bildthema. Erste Vorstufen sind in einigen Werken erkennbar, die Klee während oder kurz nach seiner Nordafrikareise gemalt hatte und in denen er ebenfalls jene Art von Schichtung und Anordnung farbiger Rechtecke und Quadrate vorgenommen hatte. Es waren letztlich Klees einzige völlig ungegenständliche Bilder, die also keine figurativen Elemente beinhalteten oder eine Perspektive vorzugeben schienen. Das Grundschema blieb dabei nach 1923 immer gleich, es war eine Reihung von verschiedenfarbigen Quadraten, die harmonisch aber gleichwohl progressiv angeordnet waren. Es ergaben sich damit ein räumlicher Eindruck und mitunter der Effekt einer Bewegung, rein aus der Anordnung der verschiedenen Elemente. Der Vorgang der Komposition wird bei einer Untersuchung eines dieser Quadratbilder erkennbar. *Alter Klang*, 1925, 236 (X 6) (Farbtaf. IX), entstand auf einem dunklen Grund. In seinen pädagogischen Unterlagen hatte sich Klee notiert, dass auf einem schwarzen oder blauen Grund der entsprechende Gegensatz mit Weiß oder Gelb jene beabsichtigte Bewegung hervorrufe, und dies setzte er in dem kleinen Gemälde konsequent um. Der Grund ist eine schwarze homogene Fläche, die nur am äußersten Rand einige dunkelblaue Quadrate aufweist. Diese ordnen sich dem Gesamteindruck so stark unter, dass sie auf den ersten Blick kaum erkennbar sind. Sie geben aber eine ungefähre Größe vor, die von den weiter innen liegenden Flächen aufgenommen wird. Diese sind in parallelen Reihen angeordnet, das Motiv des Quadrats wiederholend. Aber lediglich am oberen, unteren und linken Rand werden hauptsächlich dunkelfarbige Quadrate verwendet. Diese sind nicht von identischer Größe, so dass ein markantes Ungleichgewicht daraus resultiert. Durch die Verwendung einiger heller Akzente am unteren Rand sowie der oberen rechten Ecke entstand die Notwendigkeit, die Struktur wiederum in ein Gleichgewicht zu bringen, was nur durch entsprechende helle Akzente im Zentrum des Gemäldes erzielt werden konnte. Diese Flächen nun gestaltete Klee wesentlich heller und mit Farben, die eine höhere Leuchtkraft besaßen, aber im Unterschied zu anderen Quadratbildern führte dies nicht dazu, dass die Farbflächen kleiner wurden. Klee verwendete eine weitgehend identische Flächengröße, bezogen auf die jeweilige Reihe, innerhalb dieser Reihen blieb die Größe der Rechtecke und Quadrate weitgehend gleich. Die für diese Bilder typische Konzentration in einem Teil des Gemäldes ergab sich in diesem Fall also nicht durch eine individuelle Anordnung von unterschiedlich großen Flächen, sondern durch die Verwendung von unterschiedlichen Farbtönen und Helligkeiten. Dabei stehen die hellen und warmtonigen Quadrate gegen eher dunkle Flächen. Wie auch in anderen Beispielen ergibt sich eine Konzentration in der linken Bildhälfte mit einer ausgesprochenen Tendenz nach oben, die aber durch die Platzierung und Anordnung genau in dem Gleichgewicht resultiert, das Klee vorschwebte. Die Harmonie, die Klee dabei zugrunde legte, orientierte sich an einem der Musik analogen Verständnis, das Klee von dort abgeleitet hatte und das Grundfarben und den damit in Beziehung stehenden Farbklängen Akkorde zuwies, wie sie ganz ähnlich in der Musik vorkommen. Trotz des an sich statischen Charakters des quadratischen Bildformats wie auch der einzelnen Bildelemente erscheint das Gemälde als eine dynamische und an einem Rechteck orientierte Komposition. In fast allen diesen Quadratbildern sind diese oder ähnliche Strukturen zu finden, die, obwohl sie im Einzelnen zu verschiedenen Lösungen führen, doch insgesamt ein gleichartiges Prinzip erkennen lassen. Dabei war dieses aber nicht von Anfang an vorgegeben oder immer auf quadratische Bildträger beschränkt. Sehr viele dieser Quadratbilder sind in der Tat rechteckig, zum Teil sogar hochrechteckig, wodurch das dynamische Moment zusätzlich verstärkt wird. Es war keineswegs eine einfache Formel, die sich Klee zurechtgelegt hatte, um schnell zu effektvollen Bildlösungen zu gelangen. Die einzelnen Farbfelder sind normalerweise nicht mit einer Unterzeichnung vorbereitet, sondern direkt aus dem Malprozess heraus entwickelt. Bei in Ölfarbe ausgeführten Quadratbildern fand dies von außen nach innen statt, da von der dunklen Farbe aus gearbeitet werden musste, während bei Aquarellen und Pastellen lediglich mit einem dunklen Grund begonnen wurde und sich dann der weitere Verlauf mit fortschreitender Arbeit am Blatt quasi wie von selbst ergab. Die Überlegungen, die Klee dabei anstellte, ließen sich aber nicht im Voraus fixieren, sondern waren das Resultat eines Prozesses. Dieser war genauso wichtig, wenn nicht sogar das Entscheidende bei diesen Werken. Die Gruppe der Quadratbilder war auch ausschlaggebend für die Motive und Prinzipien, die Klee bis in sein Spätwerk beschäftigten, denn sie boten durch verschiedene Kombinationen, teilweise sogar mit einer linearen Übermalung oder Überlagerungen von verschiedenen Quadraten, Linien oder sogar Punkten, mannigfaltige Ausdrucksmöglichkeiten.

Eine Möglichkeit der Weiterentwicklung dieser Quadratbilder waren Gemälde und Aquarelle, in denen Klee eine lineare Struktur eingliederte, meist gezeichnete Quadrate, wie in *OZAR (Städtebild)*, 1928, 141 (E 1) (Farbtaf. X). Nun stehen die Quadrate aber nicht mehr als abstrakte Elemente für sich, sondern werden Teil einer vertikalen Struktur, in diesem Fall der Darstellung einer Stadt. Die verschiedenen Häuser, Plätze und Bäume bilden diese Struktur und werden ihr gleichzeitig untergeordnet, erhalten aber durch die malerische Behandlung der Farbe eine neue, ambivalente Qualität. Sie werden als grafische Elemente oder als eine Linie wahrgenommen, aber dabei auch als bildkonstituierende Farbstruktur, die in diesem Fall mit den roten und blassroten Streifen in einem dialogischen Verhältnis steht. Während diese Streifen horizontal ausgerichtet sind, strebt die lineare Struktur nach oben und betont damit zusätzlich das hochrechteckige Format. Derartige Strukturen und Linien hatte Klee seit dem Weltkrieg immer wieder in verschiedenen Zusammenhängen verwendet, teilweise als eine Art Gitterstruktur, teilweise als eine lineare Perspektive. In all diesen Fällen aber wurde ein wichtiger Teil der Bildwirkung durch diese Zeichnung entwickelt. In *OZAR (Städtebild)* ist nun das lineare Gerüst keine eigentliche Zeichnung, sondern eine Ritzung in die noch nasse Grundierung. Klee experimentierte zeitlebens mit verschiedenen Techniken und Prozessen, und auch in diesem Fall notierte er sehr genau den Aufbau der Bildschichten. Dabei war die Tatsache, dass er hier die Linien nicht zeichnete, sondern einritzte, einer besonderen Erwähnung wert, die er auf der Rückseite anbrachte. Damit hatte er zugleich eine Technik gefunden oder entwickelt, die er in einigen anderen Werken ebenfalls anwandte und dabei den Linien eine gänzlich andere Materialität und Bedeutung zumaß.

Klees Ägyptenreise und die Werke der späten 1920er Jahre

Die Auseinandersetzung mit diesen Strukturen hatte aber noch weitere Konsequenzen. Immer wieder hatte Klee Ferienreisen unternommen, die Spuren in seinen Werken hinterlassen haben. So reiste er beispielsweise im Herbst 1923 an die Nordsee nach Baltrum, im Sommer 1924 nach Sizilien, 1926 nach Elba, im folgenden Jahr nach Südfrankreich und Korsika und im Dezember 1928 für rund vier Wochen nach Ägypten, eine Reise, die ihm die Klee-Gesellschaft ermöglicht hatte. Generell zeigten Ferienaufenthalte und Reisen bei Klee immer eine direkte Konsequenz in Form von Zeichnungen, Aquarellen und Gemälden, in denen er sich unmittelbar mit einer Landschaft oder Siedlung auseinandersetzte. Oder aber, wie mehrfach beobachtet werden kann, er beschäftigte sich verstärkt mit der Natur und Pflanzen, was sich teilweise in einer regen Sammeltätigkeit niederschlug. Mit der Reise nach Ägypten machte Klee eine Erfahrung, die er bereits zuvor einmal gemacht hatte, nun aber nicht im Sinne des Durchbruchs der Farbigkeit in seinem Werk, sondern durch eine neue Bildsprache. Auch diese war nicht vollkommen neu und hatte ihre Wurzeln in vorhergehenden Werken, aber um 1929 begann Klee mit Streifenbildern. Es handelt sich dabei um Werke, deren strenger Aufbau hauptsächlich durch waagrechte und senkrechte Streifen charakterisiert ist, wobei diese teilweise von schrägen Linien durchbrochen werden. Das Prinzip wurde von ihm selbst als Progression bezeichnet und entstand kurz nach dem Jahreswechsel 1927/28, zuerst in Zeichnungen, doch wurde es kurz darauf auch in Aquarellen und Gemälden eingesetzt. Letztlich war es eine Bündelung von Linien, die durch die unterschiedlichen Abstände und die jeweilige Formulierung Spannungs- und Bewegungsabläufe, aber auch räumliche Gegebenheiten verdeutlichen konnte. Wiederum wollte Klee Rhythmen erzeugen und stellte in seinen pädagogischen Unterlagen dazu theoretische Überlegungen an, mit welchen Zahlenreihen er dies erzielen könnte. In ihrer strengen linearen Anordnung und zum Teil konstruktivistischen Orthogonalität spiegelt sich in diesen Zeichnungen auch eine neue Auffassung des Bauhauses wider, die vermehrt auf eine ökonomische und industrielle Ausrichtung abzielte. Klee reagierte auf diese neuen Tendenzen, indem er versuchte, diese Strukturen mit einer Theorie von «Dividualität» und «Individualität» zu beschreiben. Dabei ging es ihm primär um die Entwicklung von Harmonie und übergreifender Struktur, die durch spezifische, eben individuelle Elemente geprägt war. Hierfür setzte er eine Trennung der waagrechten Lagen mit Hilfe von sogenannten Schwellen, senkrechten oder schrägen Unterbrechungen, ein, die zwar nicht immer als Linien ausgebildet sind, aber jedes Mal als Zäsur erscheinen. Seine Eindrücke von Ägypten fanden nun gerade in diesen Streifenbildern ihren Ausdruck, wobei *Hauptweg und Nebenwege*, 1929, 90 (R 10) (Farbtaf. XI), die zentrale und wichtigste Formulierung wurde. Diese Streifenbilder waren nicht auf Landschaftsdarstellungen oder perspektivische Konstruktionen beschränkt, sondern nehmen gerade in diesem Jahr einen breiten Raum ein und offenbaren Klees Interesse einerseits am Rhythmus sowie andererseits an der Reihung gleichartiger Elemente und deren Durchbruch durch individuelle Strukturen. In *Hauptweg und Nebenwege* hat Klee dies zu einem besonderen Ausdruck gesteigert. Die Landschaft ist aus parallelen Streifen aufgebaut und erinnert damit an die realen Begebenheiten, wie er sie in Ägypten vorfand und mit einer Postkarte an seine Frau auch berichtete. Der Hauptweg selbst nimmt dabei die Bildmitte ein und führt als breite Zone mit regelmäßigen, waagrechten Streifen in einer Verjüngung nach oben, was als eine Bewegung in die Tiefe verstanden wird. Begleitet wird dieser Weg zu beiden Seiten von wesentlich kleinteiligeren aber wiederum waagrechten Strukturen, die durch ihre Anordnung parallel zu dem zentralen Hauptweg ebenfalls als in die Tiefe des Raums weisende Elemente verstanden werden. Farblich sind sie etwas abgesetzt, nehmen aber in ihrer Beschränkung auf verschiedene Töne in Gelb, Orange und Grün die Grundfarbigkeit der umgebenden Zone wie des zentralen Motivs auf. Generell konnten diese Streifenbilder entweder streng orthogonal aufgebaut sein und damit eine besondere Statik und Genauigkeit aufweisen, oder aber ein dynamisches Moment beinhalten, das meist durch die Schrägstellung der brechenden Linien oder Elemente erzeugt wurde. Formen, die herausgehoben werden sollten, konnten dabei entweder als Zeichnung eingesetzt werden oder wurden durch einen scheinbaren Bruch in der waagrechten Struktur erzeugt. Bei *Hauptweg und Nebenwege* wird diese Wirkung durch eine Kombination erzielt: Die Seitenstrukturen sind durch einen wesentlich höheren Rhythmus, also deutlich engere Streifen, gekennzeichnet, gleichzeitig aber durch die Brüche oder Schwellen markiert. Der Zusammenhang zwischen diesen Bereichen wird dadurch betont, dass sie immer ein Bruchteil oder ein Vielfaches der nebenan liegenden Struktur sind; hier sind meist die kleinteiligen Felder der Nebenwege eine Teilung des zum Hauptweg zugehörigen zentralen Bereichs.

Auch wenn die Reisen eine wichtige Anregung für Klee waren, verdeutlichten sie ihm auch, dass die Lehrbelastung ihn teilweise von seiner eigenen künstlerischen Arbeit abhielt. Nach dem Umzug von Weimar nach Dessau war das Bauhaus wesentlich stärker an industriellen Formgebungen orientiert worden und die Lehre dementsprechend deutlicher darauf ausgerichtet. Die freien Malklassen von Kandinsky und Klee blieben zwar integraler Bestandteil des Unterrichts, ebenso der Vorkurs, aber speziell Klee fühlte sich zunehmend isoliert. Der Unterricht fiel ihm zwar durch die zunehmende Routine leichter, aber er bereitete sich noch immer gewissenhaft darauf vor. Trotzdem, das Gefühl blieb, dass er für seine eigene künstlerische Arbeit kaum noch Zeit hatte und deshalb als Künstler stagnierte. Rein nominal entsprach das keineswegs der Realität, denn Klee hatte auch 1928 und 1929 eine mit den Vorjahren vergleichbare Anzahl von Werken geschaffen. Es gab nur kleinere Verschiebungen innerhalb seines Œuvres: Das Hauptaugenmerk lag dabei weiterhin auf farbigen Werken, Zeichnungen waren Klee weniger wichtig. Insgesamt betrachtet sank der Anteil an Gemälden leicht, während der von Aquarellen etwas stieg. Seine Gesamtproduktion blieb jedoch stabil. Trotzdem befriedigte ihn die Situation nicht. In einem Brief an seine Frau Lily beklagte er sich 1929, dass er nur noch Kleinigkeiten zustande bringe, worunter er Zeichnungen verstand, aber nichts wirklich Substanzielles. Er betrachtete seine Arbeiten als Ergebnisse seines Fleißes, aber nicht als genuine Werke. Es erstaunt nicht, dass er sich in einer Situation, die er selbst als nicht kreativ empfand, sehr stark auf konstruierte Werke beschränkte. Aus dieser Unzufriedenheit heraus versuchte er, an einer anderen Hochschule eine Lehrstelle zu erhalten, die ihm bei gleicher materieller Sicherheit eine größere Freiheit gewährte. Ein erster Versuch, bereits im Sommer 1928, mit der Frankfurter Kunstgewerbeschule (Städelschule) scheiterte, aber es zeichnete sich bereits ab, dass Klee das Bauhaus verlassen würde. Als Walter Gropius, Marcel Breuer, László Moholy-Nagy und Herbert Bayer das Bauhaus verließen und der Architekt Hannes Meyer neuer Direktor wurde, politisierte sich das Klima am Bauhaus zunehmend. Meyer verfolgte das Ziel, die Lehre und Aktivitäten am Bauhaus wesentlich stärker auf diesseitige Bedürfnisse auszurichten, speziell auf diejenigen sozial benachteiligter Gruppen und Schichten. Das Sichtbare, Wägbare und Messbare wurde zum Grundprinzip, und für einen Künstler, der sich erfolgreich seit nunmehr über einem Jahrzehnt als nicht diesseitig betrachtete, musste diese Entwicklung eine tiefe Krise auslösen. Als sich die Lage in Deutschland durch die Weltwirtschaftskrise und den Kurssturz der New Yorker Börse im Herbst 1929 zuspitzte und sich daraufhin die Situation am Bauhaus nochmals für ihn verschlechterte, kündigte Klee seinen Vertrag mit dem Bauhaus zum 1. April 1930 und nahm eine Berufung an die staatliche Kunstakademie in Düsseldorf an. Seine Anstellung begann am 1. Juli 1931, und im Wintersemester begann er mit einem Kurs über Maltechnik.

Umorientierung (Düsseldorf)

Endlich war es Klee wieder möglich, sich ganz auf seine künstlerische Arbeit zu konzentrieren. In beiden Städten hatte er Ateliers, in Düsseldorf im Gebäude der Akademie und in Dessau in seinem Wohnhaus, das er weiterhin nutzte. In einem Rhythmus von vierzehn Tagen pendelte Klee, behielt aber jeweils die Werke in den entsprechenden Ateliers. Keine andere Phase seines Schaffens brachte so vollkommen unterschiedliche Werke hervor wie diese Zeit, und er entwickelte einen Stil, der typisch für seine Zeit in Düsseldorf ist. Während er in Dessau in der gleichen Art wie zuvor arbeitete, begann er in Düsseldorf mit einer kombinierten Weiterentwicklung der transparenten Schichtungen mit den deckend gemalten Quadratbildern als eine Art Pointillismus. Das Prinzip war zuerst von Georges Seurat Ende des 19. Jahrhunderts verwendet worden, um optische Phänomene der Farbwahrnehmung künstlerisch nutzbar zu machen, aber Klee ging es um etwas gänzlich anderes. Für ihn standen weiterhin nicht die Wiedergabe einer Wahrnehmung im Vordergrund, sondern die gestaltende Beziehung reiner Farben zueinander. Es war sozusagen eine Weiterentwicklung verschiedener Ideen, und insofern kann diese Art der Malerei für Klee als eine Summierung seiner Bestrebungen angesehen werden. Wie in seiner frühen Theorie und Lehre nahm er wieder den Punkt als eigentlichen Beginn aller Gestaltung, aber diesmal nicht als aktiven Punkt, der eine Linie erzeugt, sondern als kleinstes Element einer Flächengestaltung. Durch die Kombination reiner Farbpunkte ließ sich eine Farblage erzeugen, vergleichbar mit der lasierenden Überlagerung bei seinen Aquarellen, die zudem eine räumliche Gliederung zuließ. Die Vorstufen verrieten noch ihre Herkunft aus den Quadratbildern, aber recht schnell verfeinerte Klee seine Technik und verwendete kleine Punkte. Diese Experimente kulminierten in dem für Klee außerordentlich großen Gemälde *Ad Parnassum*, 1932, 274 (X 14) (Farbtaf. XII).

Wiederum beschäftigte sich Klee intensiv mit dem Thema Farbigkeit, reduzierte es aber weitgehend auf die Primärfarben Rot, Gelb und Blau und als einzige Mischfarbe Braun sowie einige Töne, die sich aus diesen drei Farben ergaben. Um seine Bildidee umzusetzen, verwendete er drei Strukturen, die er allesamt in Reinform bereits verwendet hatte und die hier auf den ersten Blick unabhängig voneinander scheinen, die sich aber gegenseitig determinieren. Eine erste Schicht erfolgte durch die Einteilung der Leinwand in verschiedene Farbfelder, wobei Klee diese Felder nicht einer festen Regel folgend, sondern gemäß seinem Prinzip der harmonischen Flächenaufteilung, also den Quadratbildern, anordnete. Über diese Primärstruktur aus Farbflächen legte Klee ein zweites und drittes Muster. Die zweite Struktur besteht dabei aus markanten Linien, die Klee nicht nur aufmalte, sondern mit kleinen, selbst hergestellten Stempeln aufdrückte. Er teilte anschließend diese Linien nach dem Prinzip des Goldenen Schnitts, also segmentierte sie so, dass sich ihre einzelnen Bereiche zueinander in einer perfekten, klassischen Harmonie zueinander verhielten. Zugleich legte er über die primären Farbflächen und zwischen die Linien kleine, punktartige Pinselstriche, die ebenfalls zuerst aufgestempelt und dann in einem zweiten Schritt einzeln lasierend übermalt wurden. Diese beiden Strukturen nehmen aufeinander insofern Bezug, als sie gegenseitig Bereiche definieren und farblich abgrenzen und dabei die Primärstruktur zwar überlagern, aber doch durchscheinen lassen.

Die mehrfache Lesbarkeit der Technik und der formalen Elemente findet thematisch eine Fortsetzung. In der frühen Literatur zu Klee und diesem Gemälde wurde immer wieder versucht, die Darstellung mit üblichen Gegenständen zu identifizieren, wobei die Struktur als Berg, als Ruine oder als Pyramide gedeutet wurde. Doch obwohl es für jede dieser Interpretationen gute Argumente gibt, greift jede einzelne davon zu kurz. Erst in der Summe dieser Erklärungen und der motivischen, beabsichtigten Vielschichtigkeit zeigt sich, dass sich Klee dabei sowohl mit seinen Landschaftsaquarellen der Tunesienreise 1914, den ihnen vorausgehenden und nachfolgenden Werken aus dem Berner Oberland und aus Oberbayern sowie den verschiedenen Reiseeindrücken und Werken im Zusammenhang mit seinen Aufenthalten in Italien, Frankreich und Ägypten auseinandersetzte. Damit wird die Darstellung in *Ad Parnassum* nicht zum einfach erklärbaren Abbild der Natur, sondern der mimetische Anteil der Landschafts- und Architekturdarstellung wird in einer spezifischen Abstraktion erweitert. Klee geht dabei weit über die Bestrebungen der Landschaftsmalerei des späten 19. Jahrhunderts, namentlich des Impressionismus und des Pointillismus beziehungsweise der kubistischen und expressionistischen Landschaft, hinaus, indem er versucht, die Nah- und Fernsichtigkeit mit verschiedenen Phänomenen von Licht und Schatten zu kombinieren.

Wie nur wenige Werke zuvor nahmen diese pointillistischen Werke zudem musikalische Prinzipien auf. Zu großen Teilen bezog sich Klee dabei auf die Polyphonie und Kontrapunktik, die hauptsächlich im 18. Jahrhundert gepflegt wurden. Das abgewandelte, mehrfache Wiederaufgreifen von Motiven, im Gemälde erkennbar durch die Behandlung der Farbflächen und Punkte, oder Themen, wie der Kombination ähnlicher Formen mit verschiedenen Farben oder von einzelnen, allerdings isolierten Landschafts- oder Architekturdetails, finden ihre musikalische Entsprechung beispielsweise in den Fugen von Johann Sebastian Bach und anderen Komponisten, die sich mit dem Prinzip der Kontrapunktik auseinandergesetzt haben. Dieser Bezug, der weit über die Malerei hinausgeht, findet im Titel *Ad Parnassum*, das heißt im Verweis auf den griechischen Sitz der Musen, seine mythologische Überhöhung. Nur dort wird es offenbar möglich, verschiedene Realitätsebenen und Bestrebungen in Einklang zu bringen und zu einer gültigen Formulierung zu verbinden.

Der ständige Wechsel zwischen Düsseldorf und Dessau schien tatsächlich einen neuerlichen kreativen Schub ausgelöst zu haben. Klee berichtete immer wieder seiner Frau Lily enthusiastisch von seinen Versuchen und Fortschritten mit formalen oder farblichen Fragen. Neben den pointillistischen Bildern pflegte er aber auch weiterhin den Stil, den er in Dessau entwickelt hatte, wenn auch in einer leicht veränderten Form. Sie spiegeln mitunter die schwierigen Lebensumstände wider, zeigen eine gewisse Unruhe und eine erneute Konzentration auf die menschliche Figur. Klee verwendete sie hauptsächlich in Zeichnungen, die er neben seinen Aquarellen und Gemälden auch weiterhin angewandt fortführte, aber nun wieder intensivierte. Es war immer eine wichtige künstlerische Form gewesen, doch nun diente sie ihm gewissermaßen als Ventil, um sich mit einer Situation auseinanderzusetzen, die offenbar beunruhigend war. Gleichzeitig nahm die Bedeutung der Ölpause ab, ohne aber sofort ganz aufzuhören. Für farbige Werke, wie Aquarelle oder Gemälde, griff er nun wieder wesentlich stärker auf Kompositionen zurück, die er direkt entwickelte oder die er aus Zeichnungen heraus paraphrasierte, allerdings nicht mehr direkt aus einer Art Pausverfahren.

Mit der Regierungsübernahme der Nationalsozialisten zu Beginn des Jahres 1933 veränderte sich Klees Situation dramatisch schnell. Obwohl er sich in der Öffentlichkeit als weltabgewandter und vergeistigter Künstler dargestellt hatte, war ihm sehr wohl bewusst, was in Deutschland vor sich ging und wie sich auch sein Leben möglicherweise verändern würde. Mit erstaunlicher Klarsicht hatte er dies Lily bereits in einem Brief von Ende Januar 1933 geschrieben, aber trotzdem gehofft, eine Lösung für seine Situation zu finden. Die Ernennung eines neuen Direktors der Akademie, eines überzeugten Nationalsozialisten, zum 1. Februar 1933 zeigte schnell erste Konsequenzen. Bereits im April kam es in Dessau zu einer Hausdurchsuchung, woraufhin Klee kurzfristig in die Schweiz flüchtete und Lily, die in Dessau geblieben war, erst einige Tage später, als die Gefahr gebannt schien, schrieb. Ende April wurde er unbefristet vom Lehrdienst beurlaubt, am 1. Mai erfolgte schließlich der Umzug nach Düsseldorf, aber die Situation beruhigte sich nicht. Nun war es offensichtlich, dass es für Klee in Düsseldorf und wohl generell an einer deutschen Hochschule keine Zukunft mehr gab. Klee blieb beurlaubt und nutzte eine Ferienreise im Herbst, die ihn im Oktober nach Südfrankreich führte, um in Paris mit dem Kunsthändler Daniel-Henry Kahnweiler über eine Vertretung zu verhandeln. Es war Klee bereits zu diesem Zeitpunkt klar, dass er Deutschland verlassen und wohl wieder in die Schweiz umziehen müsse.

Exil und Erkrankung

Am 23. Dezember 1933 schrieb er seinem Sohn Felix, dass die Wohnung in Düsseldorf bereits geräumt sei und Lily und er am folgenden Tag nach Bern zu seinem Vater abreisen würden, um wenigstens Weihnachten dort zu verbringen. Es war der erste Schritt ins Exil, dem auch Kandinsky kurze Zeit später folgte, um sich in Frankreich niederzulassen. Auch andere Mitglieder des ehemaligen Bauhaus-Kollegiums verließen Deutschland, so Walter Gropius, Mies van der Rohe, der von Hannes Meyer das Direktorium übernommen hatte, Marcel Breuer, László Moholy-Nagy und Lyonel Feininger. Damit war Klee, von den Sommeraufenthalten und Ferienreisen abgesehen, wieder dort angelangt, wo er rund 27 Jahre zuvor bereits gewesen war.

Kaum erstaunlich, dass darunter seine künstlerische Produktion dramatisch zusammenbrach. Selbst nachdem die Möbel und die Bilder aus Düsseldorf in Bern eingetroffen waren, änderte sich die Situation nicht wesentlich. Klee schien wie blockiert. Nicht mehr über einen eigenen Raum verfügend, der als Atelier dienen konnte, musste das Ehepaar Klee zuerst in ein Mietverhältnis und ein halbwegs geregeltes Leben zurückfinden. Klee war in Bern auch künstlerisch isoliert, die kreative und anregende Atmosphäre in München, später in Weimar, Dessau oder selbst in Düsseldorf war keineswegs gegeben.

Trotzdem versuchte Klee, so gut es ging, sich in seiner neuen-alten Umgebung wieder einzurichten, intensivierte die Kontakte zu seinen früheren Sammlern Hermann und Margrit Rupf sowie zu Hannah Bürgi-Bigler. Klee fand sich plötzlich in einer Situation wieder, die ihm lediglich den Umgang mit einigen Freunden und Sammlern ermöglichte, aber keinesfalls mehr den künstlerischen oder intellektuellen Austausch bot, den er jahrelang vorher genossen hatte. Daran änderten auch die wenigen Besuche von anderen Künstlern nichts, die er in Bern erhielt: Kandinsky, der 1937 zu seiner eigenen Ausstellung in der Berner Kunsthalle kam und sich einige Tage bei Klee aufhielt; Picasso, der seinen Sohn 1937 nach Bern zu einer medizinischen Behandlung begleitete und auf Anraten Kahnweilers Hermann Rupf und Klee besuchte, oder Georges Braque, der Klee 1939 zusammen mit der Sammlerin Maya Sacher-Stehlin in Bern aufsuchte. Klee blieb in Bern isoliert, ein Gefühl, das gerade durch die fehlenden Ausstellungen und Publikationen verstärkt wurde. Im Oktober 1934 erschien zwar noch die von Will Grohmann vorbereitete Monographie *Handzeichnungen 1920–1930*, doch wurde der noch nicht ausgelieferte Teil der Auflage im April 1935 durch die Nationalsozialisten beschlagnahmt.

Der deutsche Kunstmarkt war sofort von den Nationalsozialisten übernommen worden, und Händler, die der politischen Richtung nicht genehm waren, emigrierten entweder, wie Alfred Flechtheim oder Israel Ber Neumann, oder schlossen ihre Geschäfte. Damit war der Markt für avantgardistische Kunst zusammengebrochen und den Künstlern die Möglichkeit genommen auszustellen. Museen, bereits vorher zurückhaltend bei zeitgenössischer Kunst und mit den Schwierigkeiten von beschränkten Etats ständig kämpfend, waren zudem schlagartig nicht mehr in der Lage, Ausstellungen dieser Künstler auszurichten.

Nach der politischen Zuspitzung in Deutschland, seiner Entlassung aus der Akademie und dem Umzug nach Bern brach Klee abrupt seine Kontakte nach Deutschland ab. Er veranlasste Probst in Dresden, Flechtheim in Düsseldorf und Möller in Berlin, sämtliche Werke an die Galerie Kahnweiler in Paris zu senden, da diese in der Nachfolge der Düsseldorfer Niederlassung der Galerie Flechtheim «mein Hauptdepot übernehmen» werde. Es scheint, dass Klee sich mit der neuen Situation sehr schnell abgefunden hatte. Durch den Vertrag, den er mit Kahnweiler abgeschlossen hatte, und die Aussicht, via Galka Scheyer, Curt Valentin und IB Neumann in den USA weiterhin ausstellen zu können, sowie seinen Kontakt zu Flechtheim, der über Paris nach London emigrierte, waren zumindest auf dem Papier noch gewisse, wenn auch eingeschränkte Möglichkeiten gegeben. Es zeigte sich aber sehr schnell, dass diese nicht realisierbar waren. Ausstellungen in Bern und Basel 1935 zeigten zwar eine verhalten positive Resonanz, waren aber bezüglich Verkäufen enttäuschend. Die Ausstellung, die Kahnweiler 1935 in Paris organisierte, war ebenfalls kein großer Erfolg, ebenso die erste Ausstellung in England in der Londoner Mayor Gallery.

Auf sein künstlerisches Schaffen hatte diese Entwicklung verheerende Auswirkungen. Von einem Niveau von wenigstens fast dreihundert Werken pro Jahr in Dessau und Düsseldorf sank Klees Jahresproduktion in den folgenden Jahren kontinuierlich. Zuerst waren es immerhin noch rund 200 Werke im Jahr nach seiner Emigration, aber schon im folgenden Jahr nahm die Zahl seiner Arbeiten noch weiter ab und erreichte mit 150 Werken einen Stand, den Klee seit dem Weltkrieg nicht mehr gehabt hatte. Der quantitative Rückgang spiegelte eine tiefgreifende künstlerische Krise.

Auch innerhalb von Klees Œuvre lässt sich diese Unsicherheit erkennen. Er verfolgte weiterhin verschiedene Möglichkeiten der Gestaltung, von pointillistischen Gemälden bis zu Quadratbildern, aber offensichtlich, ohne wirklich zu wissen, in welcher Richtung es systematisch weitergehen sollte.

Symptomatisch hierfür ist ein Phänomen, das in Klees Œuvre nur selten so deutlich erkennbar ist, nämlich die Überarbeitung eines Gemäldes nach einigen Jahren. Die Mehrzahl der Gemälde begann und beendete Klee mehr oder weniger im gleichen Jahr. In einem Fall aber überarbeitete Klee nach rund zehn Jahren ein Gemälde nochmals grundlegend: *Botanisches Theater*, 1934, 219 (U 19) (Farbtaf. XIII). Klee begann die Arbeit an diesem Gemälde wahrscheinlich um 1923 und beendete eine erste

Fassung 1924, die er auch in seinen handschriftlichen Katalog eintrug. Dort führte er das Gemälde unter dem Titel *tropische Landschaft* auf. In fast nur diesem einen Fall ist der Zeitraum, in dem Klee mit dem Bild beschäftigt war, genau bekannt, denn er beendete es am 10. Juli 1934, also mehr als zehn Jahre nachdem er damit begonnen hatte. Er registrierte in seinem handschriftlichen Œuvre-Katalog das nun vollendete Gemälde nochmals als Werk des Jahres 1934, ohne auf den Prozess näher einzugehen und ohne den vorherigen Eintrag zu löschen oder zu ändern. Erstaunlicherweise finden sich aber beide Daten im Gemälde oben links unter der Signatur, denn die Bezeichnung «24, 34» kann unmöglich eine Werknummer sein, da Klee das Jahr immer vollständig angab, und er hatte unter dieser Werknummer bereits eine Zeichnung registriert, was ihm sicherlich aufgefallen wäre.

Den Prozess aber, der schließlich zu diesem Gemälde geführt hatte, negierte er. Die Voraussetzungen und die Dauer des Werkprozesses, damit aber auch der werkimmanente Kontext und die stilistische Wandlung, werden ausgeblendet, erscheinen im Werk selbst nur noch als Resultat, nicht aber als aktive Auseinandersetzung. Eine genauere Analyse dieses Gemäldes zeigt die einzelnen Stufen der Bearbeitung recht deutlich. Aus dem Vergleich mit früheren Werken, die er Anfang der 1920er Jahre in seinen Œuvre-Katalog eintrug, ergibt sich, dass er um 1923 mit diesem Werk begonnen haben muss. Ein Teil der Figuren und der mittleren Komposition zeigt dabei die in einigen Werken häufig und wohl erst in diesem Jahr entwickelten, formdefinierenden Begleitschraffuren. Im Gegensatz aber zu der folgenden Arbeitsstufe, die um 1924 anzusetzen ist, belassen diese Schraffuren dem Untergrund eine inhärente Transparenz. Erst im folgenden Jahr werden dann, wie in den Partien am linken und rechten Rand des Gemäldes auch deutlich erkennbar, die Schraffuren zu einem Liniengefüge verdichtet, aus dem nun eine mittelhelle, eher unfarbig wirkende Monochromie resultiert. In einem dritten Schritt, diesmal um 1925 oder 1926 anzusetzen, wurden die Blumenmotive, die stark an die als Radiolaren bezeichneten floralen Gebilde erinnern, in einer bewusst diskontinuierlichen Räumlichkeit und Perspektivlosigkeit hinzugefügt. Bereits aus dieser Addition entsteht eine innerbildliche Spannung, da hier verschiedene, sich gegenseitig ausschließende Bildauffassungen aufeinandertreffen. Die vorherige, wenigstens teilweise an überkommener Vorstellung von Räumlichkeit und Perspektive sich orientierende Darstellungsweise wird nun weitgehend aufgehoben. Im Gegensatz aber zu einer kubistischen Zergliederung des Raumes, die Klee vor und zu Beginn des Ersten Weltkriegs pflegte, werden nun die einzelnen Bildelemente in eine frontale Ansicht gewendet und nebeneinander positioniert. Der nächste Schritt, der diesmal bereits um 1930 zu datieren ist, führte die Auseinandersetzung um die vegetabilen Motive und die Problematik der Perspektive weiter, konzentrierte sich aber zunächst auf eine andere Farbstruktur, die Klee um 1925 entwickelt hatte, so großflächig und bildprominent allerdings vor 1930 sonst nicht angewandt hatte. Mit einem breiten Pinsel trug er dabei die Farbe so auf, dass sich eine Sekundärstruktur bildete, die unabhängig von der Komposition eine markante Eigenwirkung ergab. Zum Abschluss wurden, wobei sich die einzelnen Anteile zumindest stilistisch nicht unterscheiden lassen, die unterschiedlichen Arbeitsstufen noch verbunden, so dass sich eine gleichmäßigere Wirkung ergab.

Das Spätwerk

In den folgenden Jahren zeichnete sich ein tiefgreifender Wandel ab. Bereits der Umzug nach Bern und das gewählte Exil, die weitgehende Isolation von Ausstellungsmöglichkeiten in Deutschland und der fast vollkommen zusammengebrochene Absatz von Bildern im deutschsprachigen Raum hatten zu einer Krise geführt. 1935 wurde bei Klee zudem progressive Sklerodermie diagnostiziert, eine Krankheit, die ihn in den folgenden Jahren stark einschränken sollte. Die künstlerische Produktion kam fast völlig zum Erliegen und erholte sich erst mit einer scheinbaren Genesung im Jahre 1937. In den beiden vorangegangenen Jahren war er kaum in der Lage gewesen, eine zu seiner Produktion der 1920er und frühen 1930er Jahre vergleichbare Anzahl

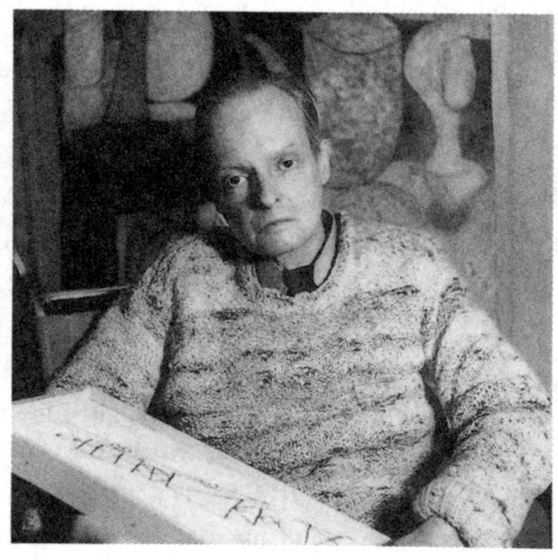
Abb. 7: Klee in seinem Wohnzimmer in Bern mit dem Gemälde *Bergbahn* auf dem Schoß, Dezember 1939, Photo: Walter Hanggeler

von Werken zu schaffen. Die künstlerische Krise in der Formensprache, die nach seinem Exil eingesetzt hatte und die ihn zuerst zu einer Rückbesinnung auf frühere Werke, teilweise im materiellen Sinne, veranlasste, fand nun einen Abschluss. Noch 1936 war Klee weitgehend unfähig gewesen, halbwegs regelmäßig zu malen oder zu zeichnen, und auch das folgende Jahr schien nicht gerade positiv anzufangen. Im Januar und Februar hatte er mit einer Grippe und wiederholten Magenbeschwerden zu kämpfen, so dass er erst gegen Ende Februar wieder malen konnte, dann aber mit einer enormen Energie und Konzentration. Es war ein Neubeginn, formal wie quantitativ. Klees Produktion stieg nun kontinuierlich wieder an, von zuerst 264 registrierten Werken im Jahr 1937 über 489 zu einem absoluten Höhepunkt von 1254 Arbeiten im Jahr 1939. Diese enorme Produktivität spiegelt die Überwindung von Klees Unsicherheit und Enttäuschungen der vorangegangenen Jahre wider und ging mit einigen grundlegenden Änderungen einher. Zwar nahm er bildlich keine Stellung zu seiner Erkrankung, aber das Werk nach 1937 unterscheidet sich fundamental von seinem vorherigen Schaffen. Das Spätwerk ist generell charakterisiert durch markant größere Formate, eine intensivere Farbigkeit und eine wesentlich stärkere symbolisierende Formensprache. Klee nutzte neben malerischen Techniken auch weiterhin die Zeichnung als Ausdrucksmittel, aber nicht mehr, um eine Verfeinerung seiner Möglichkeiten zu erzielen, oder als eine Art Vorstufe für andere Werke, die er mit eher komplizierten Verfahren kopierte oder übertrug. Wie im Frühwerk entstanden nun vermehrt Zeichnungen als selbständige Werke, und nur in einigen Fällen übertrug Klee Ideen hieraus in ein Gemälde. Damit ergab sich wie von selbst ein neues Spannungsverhältnis zwischen einzelnen formalen Bildmitteln und der jeweiligen Farbigkeit. Die Formen werden einfacher und erscheinen als kraftvolle Gebilde aus klaren, meist schwarzen Linien oder Balken, die bei Zeichnungen oft allein stehen, im Falle von farbigen Werken aber mit leuchtenden Farbflächen kombiniert werden und durch ihre Unmittelbarkeit eine direkte Aussage anstreben. Die Schriftzeichen, die selbst keine direkte Bedeutung haben, aber eine vorgeben und damit zur Projektionsfläche werden, finden sich sowohl in seinen Zeichnungen wie in seinen Gemälden und ersetzen teilweise die frühere Figürlichkeit. Trotz der großen Formate haben die Gemälde aber eine ähnliche Spontaneität wie die Zeichnungen, verfügen über einen ähnlich lockeren Ausdruck, mit einem Grundgerüst, bestehend aus den Balkenformen, zu deren Verstärkung die Farben lediglich beigefügt wurden.

In relativ großer Anzahl entstanden 1937 und im folgenden Jahr derartige Gemälde. Sie zeigen auch weiterhin Klees Interesse an technischen Experimenten durch die Verwendung ungewöhnlicher Materialien oder Prozesse. Während er sich in den 1920er Jahren zuerst auf die Wirkungen konzentriert hatte, die sich durch verschiedene Grundierungen und Farbaufträge erzeugen ließen, kamen nun Bildträger stärker in sein Blickfeld. Zahlreiche Gemälde entstanden auf sehr saugfähigem Material, wie Zeitungspapier oder Sackleinen, das auf Jute aufgeklebt wurde, die wiederum konventionell auf einen Keilrahmen aufgespannt wurde. Der große Vorteil dieses Verfahrens war zum einen, dass es sehr billig war, Klee also in den angestrebten großen Formaten arbeiten konnte, ohne zu sehr auf seine immer noch angespannte finanzielle Lage Rücksicht nehmen zu müssen, und zum anderen, dass seine nun bevorzugten Farben darauf sehr schnell trockneten. Klee hatte in diesen Jahren begonnen, Kleisterfarben zu verwenden, das heißt Kleister, dem er Pigmente zusetzte. Die Farbe konnte er, je nachdem, wie pastos sie im Bild erscheinen sollte, abstimmen. Was als Substitut begann, entwickelte sich schnell zu einer ästhetisch eigenständigen Möglichkeit mit anders nicht erreichbaren Wirkungen.

Im Gemälde *Insula dulcamara*, 1938, 481 (C 1) (Farbtaf. XIV), erreichte Klee die Summe seiner Bestrebungen in seinem Spätwerk. Es ist eines der größten Formate, das Klee überhaupt ausgeführt hat, mit der für ihn beachtlichen Breite von 176 cm. Wie in anderen Werken dieser Phase verwendete er Zeitungspapier als Bildgrund, das er auf eine Jute kaschierte. Und wie in fast allen Gemälden des Spätwerks ist auch hier die zeichnerische Grundstruktur durch breite und massiv wirkende balkenartige Gebilde vorgegeben, die allerdings den verschiedenen, lichten Farbtönen genügend Raum lassen, sich als eigene malerische Akzente zu behaupten. Die bildlichen Abkürzungen figürlicher Elemente, teilweise wie Zeichen einer Geheimschrift erscheinenden grafischen, schwarzen Formen und die farbigen Flächen stehen in einem auffälligen Spannungsverhältnis. Diese Bildzeichen sind ein Charakteristikum von Klees Spätwerk. Nach seiner eigenen Aussage entstanden sie quasi automatisch, ohne großes Zutun seinerseits. Ihnen wohnte keine bestimmte Bedeutung inne, sondern sie waren eine neue Möglichkeit formaler Gliederung der Bildfläche. Teilweise blieben sie als rudimentäre, abstrakte Formgebilde stehen, teilweise wurden sie zu einer Art Kontur einer Figur verdichtet.

Im Fall der *Insula dulcamara* nun bilden das die Bildmitte beherrschende Gesicht und die horizontale Schlange im oberen Bilddrittel diese figürlichen Elemente. Der Kopf ist aus einer Konturlinie gebildet, die im Gegenuhrzeigersinn in einer senkrechten Linie endet und dadurch extrem statisch wirkt. Das rechte Auge ist zwar formal eine Spiegelung der Grundform des Kopfes, durch die andere Ausrichtung bewirkt es aber lediglich eine Fixierung der Statik und bereitet gleichzeitig Reflexe anderer schwarzer Formen innerhalb des Bildes vor. Demgegenüber ist die horizontale Schlangenlinie eine der wenigen dynamischen Linien, wobei sich die Bewegung auf die linke Bildhälfte konzentriert. Die Punkte, nicht zu Formen verdichtet, und fragmentierte Formen lassen sich als Andeutungen von Figuren verstehen, analog zum Titel einer Zeichnung desselben Jahres, die Klee *Noch kein Gesicht*, 1938, 328 (U 8), nannte und die ähnliche Strukturen zeigt. In einigen Gemälden und Zeichnungen innerhalb seines Spätwerks setzte sich Klee mit dem Gesicht als Form auseinander. Zwar kann diesem Motiv keine allgemeingültige Bedeutung zugeschrieben werden, dafür tritt es in zu großen Variationen auf, aber es kann als eine schwache Reflexion von Klees Situation verstanden werden. Auch in dieser Phase seines Lebens, in der Klee offensichtlich sein eigener, bevorstehender Tod sehr wohl bewusst war, malte er keine autobiographischen Bilder, sondern arbeitete lediglich in Andeutungen. Das Gesicht in diesem Gemälde beispielsweise scheint dasjenige in *Tod und Feuer* aus dem Jahr 1940 vorwegzunehmen, in dem das Motiv eindeutig mit dem Tod in Verbindung gebracht wird. Indem der Tod im Bildzentrum in die ansonsten heitere Stimmung einbricht, ist eine melancholische Note in dieses Gemälde eingebracht. Es ist eine für die Zeit durchaus typische Bildsprache, die auch Picasso zur gleichen Zeit mit einer ähnlichen Konnotation und in einer ganz ähnlichen Formensprache verwendete.

Zuerst sollte das Gemälde den Titel *Insel der Kalypso* tragen, also bereits in einem frühen Stadium der Arbeit auf eine naturhaft arkadische Insel verweisen, eine frühlingshafte Erscheinung, die aber in den hellen Farben bereits das Ende und den Tod beinhaltete. Die Verbindung von Tod und Arkadien war durch eine Reihe von pastoralen Gemälden seit dem 17. Jahrhundert vorbereitet worden, derer sich Klee sehr wohl bewusst war. Die bildnerischen Mittel finden im Titel ihren Ausdruck, einer ungewöhnlichen Kombination von *dulcis* (süß, lieblich) und *amarus*, dem lateinischen Wort für bitter. So lassen sich die schwarzen Formen und damit der den Tod symbolisierende Kopf als bedrohliche Momente verstehen, während die lichten Farben für das primär süße Element stehen. Darauf deuten auch die beiden Schalen hin, die eine nicht ausgefüllt und umgedreht oben links, die andere oben rechts gefüllt. Sie erinnern an die Laternen der Klugen und Törichten Jungfrauen in der spätmittelalterlichen Ikonographie, könnten aber auch mit den beiden Schalen in Verbindung gebracht werden, die Klee in einem Geburtstagsbrief an seine Schwiegertochter Efrossina vom selben Jahr ansprach. Er sah hier das Leben durch zwei Schalen symbolisiert, wobei die eine Bitteres und Salziges enthalte und die andere das Süße. Wichtig sei nun nicht, sich lediglich auf eine der beiden zu konzentrieren, sondern sie im Gleichgewicht zu halten und zu akzeptieren, dass beide Elemente zum Leben gehörten.

Serielles Arbeiten

Trotz seiner ihn stark einschränkenden Krankheit hatte Klee eine grundsätzlich lebensbejahende Haltung beibehalten. Sowohl sein Sohn Felix wie seine Frau Lily berichteten, dass er sich nie zu seiner Krankheit äußerte, aber in Briefen des Jahres 1939 brachte er seine Ungeduld zum Ausdruck. Er hatte sich wiederum in eine extrem kreative Situation eingelebt und konnte mehr Gedanken und Ideen entwickeln, als ihm physisch umzusetzen möglich war. Nie zuvor war er in der Lage gewesen, eine ähnlich große Anzahl von Werken zu schaffen. Es entstanden neben einigen Gemälden seit 1938 hauptsächlich Zeichnungen, um seine unbändige Schaffenskraft auch wirklich ausnutzen zu können. Ein Charakteristikum dieser Zeichnungen war, dass er dabei oft in Serien und Folgen arbeitete, also eine primäre Idee in verschiedenen Formulierungen festhielt. Es waren häufig Blätter, die in einer schnellen Abfolge entstanden, die ohne große Überlegung eine Reihe von Ideen zum gleichen Thema fixieren sollten. Klee hatte zwar gerade zu Beginn der 1930er Jahre schon einmal seriell gearbeitet, indem er Motive in unterschiedlichen Kombinationen verwendete, aber verglichen mit den späteren Serien blieben es lediglich Ansätze. Sowohl die Anzahl der Serien und Folgen als auch der Umfang waren nicht vergleichbar mit Klees etwas älteren Serien und Folgen. Klee hatte in einem Brief an seinen Sohn Felix erwähnt, dass für ihn die Produktion in immer neuer Kombination im Vordergrund stünde. Normalerweise hatte Klee in diesen Jahren seine Werke fast unmittelbar nach ihrer Entstehung auf Karton montiert, betitelt, signiert und in seinem Œuvre-Katalog verzeichnet, nicht mehr wie früher, als er seine Arbeiten in weiter auseinanderliegenden Zeiträumen katalogisierte. Daraus resultierte ein besonderer Zusammenhang, indem ihnen durch die Montierung und Betitelung eine Unmittelbarkeit innewohnt, die anderen Werken fehlt. Zwar waren auch diese von Klee betitelt und selbst montiert worden, aber nur in diesen späten Serien spiegelt sich die direkt an die Produktion anschließende Auseinandersetzung mit seinen eigenen Zeichnungen wider.

Rein formal konzentrieren sich diese Zeichnungen auf einen linearen Zeichenstil, der eine Binnenzeichnung weitgehend negiert und lediglich den Kontur in breiten Linien ausbildet. Dies führte zu einer extremen Ökonomie der Mittel, die schließlich die größeren Serien ermöglichte. Darüber hinaus zeigen sie eine stilistische Geschlossenheit, die nur durch die schnelle Entstehung erklärbar ist. In diesen Serien manifestierten sich eine bislang unbekannte Brillanz sowie Vorliebe für den Prozess des Zeichnens an sich. So zeigen die verschiedenen Serien keineswegs einen einheitlichen Stil oder eine deckungsgleiche Auffassung, sondern sie unterscheiden sich und reflektieren ihre unterschiedlichen Funktionen und Stillagen. Es war ein Herantasten an verschiedene Möglichkeiten, speziell die menschliche Figur darzustellen, auf die sich Klee seit der scheinbaren Genesung zunehmend konzentrierte.

Im Laufe des Jahres 1939 entstanden einige Serien, die eine gemeinsame formale Gestaltung und ähnliche Titel aufweisen, und einige Folgen, deren Übereinstimmung sich auf die formale Gestaltung beschränkt, ohne dass dies im Titel zum Ausdruck käme. Es waren nicht neue Themen in Klees Werk, sondern die konsequente Fortsetzung seines Interesses und seiner bildnerischen Mittel, wenn auch etwas ökonomischer eingesetzt und in einem deutlich schnelleren Rhythmus produziert. Dieses Prinzip setzte Klee auch im folgenden Jahr fort: 1939 entstanden drei Serien, davon eine zu «inferner Park» und eine, die Klee «Näherung» nannte. Hier wollte er sich Formen und Handlungsabläufen zeichnerisch annähern. Beide Serien verfolgte er aber nicht über die Zeichnungen weiter. Nur die dritte Serie, zum Thema «Engel», die er ebenfalls 1939 begonnen hatte, fand im folgenden Jahr in einer Zeichnung und einem Gemälde eine Fortsetzung. Dieses Gemälde *Angelus Militans*, 1940, 333 (G 13) (Farbtaf. XV), ist nicht einfach eine farbige Umsetzung der Zeichnung. In der Tat hatte er im Vorjahr eine Kreidezeichnung gemacht, die er unter dem gleichen Titel registrierte. Die Unterschiede sind aber wesentlich größer als üblicherweise, und es scheint, dass er sich erneut mit dem Thema auseinandersetzen wollte. Eine gewisse Grunddisposition bleibt erhalten, so der in den Nacken gelegte Kopf, die ausgebreiteten Flügel und die hochragende Erscheinung, aber die Details und die Gliederung der Figur sowie des Raums zeigen eine gänzlich unterschiedliche Auffassung. Generell zeigen die Engel im Spätwerk noch immer eine deutliche Annäherung an menschliche Züge, es besteht nur eine geringe Differenz zwischen den beiden Figurenformen. Meist ist der einzige Unterschied lediglich, dass die Engel eine Art von Flügeln besitzen, die aber nur deshalb identifizierbar sind, weil man über den Titel darauf schließen kann. Dies ist in *Angelus Militans* tatsächlich ein entscheidender Unterschied zwischen der Zeichnung und dem Gemälde, da der Engel in der Zeichnung keine derartigen Flügel hat und lediglich seine Körperhaltung mit derjenigen im Gemälde weitgehend identisch ist. Aber während der Engel in der Zeichnung aus dünnen Strichen aufgebaut ist und eine gewisse Immaterialität ausstrahlt, ist das Gemälde aus einzelnen Farbfeldern aufgebaut, die von breiten, massiven Balken voneinander separiert werden. Klee hatte im Lauf des Jahres 1939 diese dicken Linien weitgehend aufgegeben und differenzierende Striche verwendet, doch kam er 1940 auf seine etwas ältere Manier zurück. Klee spürte, dass er nun gegen seinen eigenen Tod arbeitete, und brachte dies in einem Brief an den Kunsthistoriker Will Grohmann auch zum Ausdruck. Zeichnen und Malen wurden zum Ausdruck des Kampfes. Viele der letzten farbigen Arbeiten zeigen ein Gitter oder Netzwerk schwarzer Linien, die an die Verbleiungen von Glasgemälden erinnern, in den meisten Fällen aber eine irdische Schwere vermitteln. Die Linien, eigentlich eher eine Form umschreibend als beschreibend, erhalten durch ihre Wirkung eine Funktion, die weit über die Trennung der verschiedenen Farbfelder hinausgeht. Sie werden zu formal eigenständigen Elementen, welche die Flächen dominieren. Diese Netz- oder Gitterstruktur gliedert die Bildfläche ganz ähnlich wie in den Quadratbildern die nebeneinander platzierten, aber isolierten Farben. Allerdings trennen die breiten Linien diese Felder durch ihre Präsenz deutlicher, als dies in den jeweiligen Zeichnungen oder in den Quadratbildern erscheint. Einzelne Linien werden wiederholt, was zu einer Verunklärung des Konturs führt. Ein ähnliches Vorgehen ist auch bei den Farbflächen erkennbar, so beispielsweise die grünen Bereiche über den Flügeln, bei denen unklar bleibt, ob sie nun noch zur Figur gehören oder bereits Teil der Umgebung sind. Lediglich der Körper selbst ist durch die hellen Gelb- und Orangetöne deutlich definiert.

In den vier Monaten, die Klee 1940 nur noch für seine Arbeit blieben, registrierte er 366 Werke, genauso viele, wie dieses Jahr, ein Schaltjahr, Tage hatte. Die Jahre, in denen Klee eine erste Genesung zu bemerken vermeint hatte, waren nicht nur die Jahre, in denen er rein nominal am produktivsten war, sondern auch eine Phase, in der er nochmals sein eigenes Werk, seine Interessen zu rekapitulieren suchte und immer wieder auf sie zurückkam, ohne sich aber zu wiederholen, sondern eine neue Formensprache entwickelte und damit zu anderen Lösungen fand.

Rezeption und Selbstinszenierung

Die nationale und internationale Rezeption

Es ist kaum verwunderlich, dass Klees internationale Rezeption in entscheidendem Maße von seinem Erfolg in Deutschland abhing. Erst dieser bildete die Basis für eine international ausgerichtete Ausstellungstätigkeit.

Der Anfang war harzig, Klee beklagte sich immer wieder zu Beginn seiner Karriere, dass er kaum Beachtung fände. Erst mit seiner ersten größeren Ausstellung in Bern, Zürich und Winterthur 1910/11 konsolidierte sich seine finanzielle Situation etwas, auch wenn er von der Kunstkritik weiterhin abgelehnt wurde. Immerhin ergaben sich einige Verkäufe an Sammler, doch blieben die Kontakte zu Galerien weitgehend aus. Klee beschrieb das Dilemma, in dem er sich befand, in seinem Tagebuch 1911: «Meine Kollektion kom[m]t trotz Liebe und Angst schwerer zu Stand als man zuerst dachte. Die beiden Hebräer Brakl und Than[n]hauser finden keinen geschäftlichen Anreiz bei meinem kollektiven Debut. Berühmt muss man sein, wen[n] man schon so frech ist, von den Durchschnittlern abzustechen. Aber wie man berühmt werden soll, ohne auszustellen, das wissen die Herren nicht zu raten» (Tgb. 896).

Dies änderte sich erst, als er die Gelegenheit erhielt, an den Ausstellungen des Blauen Reiters teilzunehmen, die zum Teil auch außerhalb Deutschlands gezeigt wurden. Er stand zwar dort nicht im Zentrum, aber immerhin stieß diese Gruppe auf ein reges Interesse, das sich auch für Klee positiv auswirkte. Erst durch die stärkere Wahrnehmung seiner Arbeit in Deutschland, seine gesteigerte Bekanntheit und die Einschätzung als einer der wichtigsten zeitgenössischen Künstler kurz nach dem Ende des Weltkriegs konnte er beginnen, eine internationale Reputation aufzubauen. Ausgangspunkt war aber wiederum seine Beteiligung am Blauen Reiter, durch die er eine erste Erwähnung in einer fremdsprachigen Publikation erhielt, wenn auch zuerst als Zeichner. Der amerikanische Sammler und Kunstschriftsteller Arthur Jerome Eddy hatte Klee im Rahmen seines Buchs über die zeitgenössische europäische Kunst erwähnt und abgebildet. Aber einen Durchbruch stellte dies nicht dar, ebenso wenig wie die spärlichen Nennungen in der ausländischen Presse zu Beginn der 1920er Jahre. Es war ein für Klee eher langwieriger Prozess. In Deutschland und in der Schweiz hatte er bereits einen gewissen Namen, aber im nicht-deutschsprachigen Ausland blieb er vorerst noch weitgehend unbekannt. Immerhin machten zwei Ausstellungen, beide 1921 unabhängig voneinander organisiert, einen Anfang: Die erste fand in einigen tschechischen Städten statt und sollte dazu dienen, die aktuelle tschechische Kunst mit anderen Künstlern und Bewegungen aus dem Ausland zu konfrontieren. Die zweite war eine Ausstellung, die Katherine S. Dreier in ihrer Société Anonyme organisiert hatte. Dreier war eine Galeristin, die der europäischen Kunst sehr aufgeschlossen war und versuchte, amerikanische Sammler für die europäische Avantgarde zu interessieren. In ihrer 14. Ausstellung fand schließlich auch Klee einen Platz, so dass zumindest sein Name präsent war und einige Werke gezeigt wurden. Es war immerhin ein Start, der zwar nicht sofort in anderen Ländern aufgenommen wurde, doch mittelfristig einige Ansätze für eine Wahrnehmung außerhalb des deutschsprachigen Raums in sich barg. So war Klee bei einer Überblicksausstellung deutscher Kunst, die 1922 in Schweden veranstaltet wurde, mit acht Werken vertreten.

Aber es waren nur vereinzelte Möglichkeiten – entweder an den Blauen Reiter oder die Galerie «Der Sturm» gebunden –, so dass es erst 1924 wieder mit Katherine S. Dreiers nun 28. Ausstellung wieder zu einem ausländischen Engagement kam. Die Ausstellungen im Ausland blieben vereinzelt, sei es in der Tschechei, in Japan im Rahmen einiger Ausstellungen über den deutschen Expressionismus oder sogar in den USA mit Klees erster Einzelausstellung, wiederum veranstaltet durch Katherine Dreier, die 26 seiner Werke zeigte. Eine Intensivierung und programmatischere Einbindung ergab sich erst mit zwei Ausstellungen 1925 in Paris sowie einer Reihe von Ausstellungen in den USA. In Frankreich hatte die Galerie Vavin-Raspail im Oktober eine erste Einzelausstellung Klees veranstaltet, mit 39 Aquarellen immerhin die bis zu diesem Zeitpunkt größte Einzelausstellung außerhalb Deutschlands. Bereits rund zwei Monate später war Klee wiederum in einer Ausstellung in Paris zu sehen, diesmal bei der ersten Ausstellung der französischen Surrealisten. Die Gruppe, unter ihnen vor allem René Crevel, Paul Éluard, Louis Aragon und der aus Deutschland stammende Max Ernst, hatte Klees Entwicklung seit längerem beobachtet und ihn nun als Referenzpunkt in ihrer programmatischen Ausstellung präsentieren wollen. Damit war nach Klees Erfahrung mit DADA sein Werk bereits zum zweiten Mal innerhalb kurzer Zeit für eine andere Entwicklung instrumentalisiert worden, zeigte aber zugleich, wie einflussreich und anregend er für andere Künstler war. Auch wenn das breitere Publikum von der Ausstellung zuerst nur eingeschränkt Kenntnis nahm, war zumindest in Frankreich das Eis gebrochen. Auch in den USA, vor allem mit einer Reihe von Ausstellungen, die Galka Scheyer organisierte, war Klee relativ regelmäßig präsent. Zwar schlug sich dies nicht in hohen Verkaufszahlen nieder, aber immerhin zeigten sie ein reges Publikumsinteresse. Speziell 1926 und 1927 hatte Klee wichtige Ausstellungen in Übersee, während er in Deutschland nahezu während der gesamten 1920er Jahre große Ausstellungen ausrichten konnte. Teilweise waren diese dem Engagement von Goltz zuzuschreiben, aber auch Klee selbst war diesbezüglich nicht untätig geblieben und hatte an der Zusammenstellung seiner großen Retrospektive in Berlin 1923 aktiv mitgearbeitet. Mit 270 Exponaten war es die umfangreichste Ausstellung nach der großen Retrospektive bei Goltz gewesen. Derartige Umfänge konnte Klee auch in seinen besten Jahren in Übersee nie erreichen, war aber doch seit Mitte der 1920er Jahre regelmäßig in den USA zu sehen. Die Arbeit und das Engagement von Galka Scheyer und Katherine Dreier brachten erste Erfolge, so dass Dreier ihn in vier aufeinanderfolgenden Ausstellungen 1928 und 1929 in New York zeigte. Seine Reputation im Ausland wuchs, und so kam es 1930, einige Jahre nachdem Klee einen ersten Höhepunkt seiner Ausstellungstätigkeit in Deutschland erlebt hatte, nun auch in den USA zu einer großen Anzahl von Ausstellungen, deren umfangreichste eine Retrospektive im New Yorker Museum of Modern Art war. Eine der Schwierigkeiten bestand darin, dass die breitere Öffentlichkeit in den USA relativ gleichgültig gegenüber bildender Kunst war und sich nicht für Klee interessierte. Zwar gab es einige Personen, die Ausstellungen besuchten oder sogar europäische Kunst sammelten, doch gehörten diese zu einem eher überschaubaren Kreis. Trotzdem trugen Scheyer und Dreier dazu bei, Klees Werke zumindest in ein öffentliches Bewusstsein zu rücken, auch wenn in einigen Rezensionen die Werke primär als fein, gut gemacht, aber ohne geistige Tiefe angesehen wurden. Mitunter tauchte sogar die Beschreibung «dekorativ» auf, die eine Herabsetzung des jeweiligen Werks in den USA beinhaltete. Aber trotzdem ließen sich weder Galka Scheyer noch Katherine Dreier von ihren Bestrebungen abhalten und versuchten, Klee zu einer breiteren Bekanntheit zu verhelfen. Während der ganzen 1930er Jahre hindurch fanden zahlreiche Ausstellungen von Werken Klees in den USA und mitunter auch weiterhin in Frankreich und Belgien statt. Teilweise wurden sie von Publikationen begleitet oder waren eine Anregung für eigenständige Veröffentlichungen oder Artikel.

Mit der Machtübernahme der Nationalsozialisten änderte sich die Situation drastisch für Klee. Neben der Schweiz wurden auf einen Schlag die USA und Frankreich zu den weitgehend einzig möglichen Ländern für Ausstellungen. In Deutschland war Klees Selbstbild durch die nicht mehr mögliche Präsenz am Markt in sich zusammengebrochen. Bereits in den Zeichnungen vor seiner Beurlaubung vom Lehrdienst und in einer Gruppe von Werken, die 1933 entstanden, hatte sich Klee mit der politischen Situation sehr konkret auseinandergesetzt. Auch wenn die Öffentlichkeit davon nichts erfuhr, war so die romantische Grundhaltung in Frage gestellt.

Lediglich in den USA funktionierte das Bild noch, das Klee in den 1920er Jahren aufgebaut hatte. Dementsprechend konnten sowohl Galka Scheyer als auch IB Neumann und Karl Nierendorf darauf aufbauen, was ihnen aber zuerst nur teilweise erfolgreich gelang. Die romantische Vorstellung des Künstlertums war als Marketinginstrument in Übersee nicht griffig genug und hatte nicht dieselbe emotionale Kraft wie im deutschsprachigen Raum. Zu einem großen Teil waren dafür die Titel verantwortlich, die Klee mit Blick auf dieses Künstlerbild gewählt hatte und die einem gebildeten deutschen Publikum meist auch sofort geläufig waren oder das zumindest die Andeutung verstehen konnte. Generell hatte Klee immer versucht, allen Werken einen sprechenden Titel zu geben. Nur im Frühwerk und bei allen nicht in seinem handschriftlichen Katalog verzeichneten Werken findet sich eine größere Anzahl von unbetitelten Arbeiten. Die Bandbreite ist enorm, umfasst Zitate aus der Literatur oder

der Bibel und konnte auch eine humoristische Note beinhalten. Insgesamt sind die Titel nicht deskriptiv, paraphrasieren also nicht das Wiedergegebene, sondern versuchen zumeist, entweder – im Falle von Bezügen zur Literatur – die Quelle offenzulegen, oder eine andere Lesart. Grundsätzlich lassen sich zwei verschiedene Vorgehensweisen finden: die Titel, die in einem ersten Versuch sofort gefielen und deshalb im Œuvre-Katalog wie auf dem Werk direkt notiert wurden, oder diejenigen Arbeiten, deren Titelfindung an sich ein Prozess war. Folgt man einigen Formulierungen in seinem Werkverzeichnis, scheint es bei diesen Fällen ein mitunter schwieriger Prozess gewesen zu sein, der über verschiedene Varianten verlief und keineswegs linear zu dem schließlich auf dem Werk notierten Titel führte. Generell sah Klee, zumindest in seiner späteren Dessauer Zeit, in den Titeln eine Interpretationsmöglichkeit, die er zwar vorgab, die aber keineswegs die ausschließlich verbindliche war und die deshalb durchaus auch individuelle Interpretationen und Projektionen bewusst zuließ. Klees Vorgehen, zu diesen Titeln zu gelangen, lässt keine Verallgemeinerung zu. In den meisten Fällen fand er nur durch eine individuelle Annäherung zu dem Titel. Sein Ziel war es, eine zum Bild zusätzliche Projektionsfläche für die Vorstellungen und Gedanken des Betrachters zu bieten oder mit einer sprachlichen Doppeldeutigkeit eine neue Dimension zum scheinbar offensichtlichen Bildsinn zu addieren. Hierin lag die Schwierigkeit für die Vermittlung von Klees Kunst in den USA. Abgesehen von einigen Sammlern und Exildeutschen, die der deutschen Sprache mächtig waren, waren die Andeutungen für das breitere Publikum unverständlich und die romantischen Implikationen damit nicht im gleichen Maß wahrnehmbar. Das Selbstbild, das Klee von sich hatte und das willig durch seine frühen Biographen mitgetragen und aufgebaut wurde, funktionierte nur im deutschsprachigen Raum wie geplant, in Frankreich, England oder den USA, wo Klee ebenfalls auf Ausstellungen gezeigt und in Publikationen besprochen wurde, waren die Möglichkeiten deutlich eingeschränkter.

Im Gegensatz zur Situation, die in Deutschland vor 1933 geherrscht hatte, fanden in den USA kaum thematische oder programmatische Ausstellungen statt, sondern die verschiedenen Galeristen erwarben Werke oder nahmen sie in Kommission und richteten damit ihre Ausstellungen aus. Da ein kontinuierlicher Nachschub nicht gewährleistet war, konnte es notgedrungen auch nicht zu größeren thematischen Ausstellungen kommen. Die Logistik besorgte Kahnweiler in Paris, der auch mit der Mayor Gallery in London in Kontakt stand, da sie eine Beteiligung Klees an einer Ausstellung anstrebten. Kahnweiler selbst organisierte lediglich eine Ausstellung mit Werken Klees, was nicht gerade zu Klees internationaler Reputation beitrug. Deutlich mehr leisteten die Galerien der ursprünglich deutschen Kunsthändler Curt Valentin, IB Neumann und Karl Nierendorf, die in gegenseitiger Konkurrenz versuchten, deutsche Künstler in den USA bekannt zu machen, und damit die Präsenz gerade der deutschen Exilkünstler markant erhöhten. Klee profitierte davon unmittelbar, da sein Einkommen direkt an diese Verkäufe gekoppelt war. Insgesamt aber war die Anzahl von Ausstellungen, an denen Klee beteiligt war, nach seiner Emigration zusammengebrochen, er selbst deutlich seltener darin involviert – so fand außer in der Schweiz nur noch in den USA ein nennenswerter Ausstellungsbetrieb statt. Dieser erreichte 1939 einen Höhepunkt, doch nahm er durch den Ausbruch des Zweiten Weltkriegs schnell wieder ab. Immerhin hatte Karl Nierendorf in seiner Galerie im Oktober 1939 einen Raum als permanente Klee-Präsentation eingerichtet.

Nach Klees Tod 1940 wurden lediglich in der Schweiz und den USA Gedenkausstellungen ausgerichtet. Die große Retrospektive am Kunsthaus in Zürich im Frühjahr des Jahres war von Klee noch mitgeplant worden und fand, obwohl Klee wiederum schwer erkrankt war, noch zu seinen Lebzeiten statt. Die erste posthume Ausstellung veranstaltete Curt Valentin in New York im Oktober 1940, und nur zehn Tage später öffnete an der Eidgenössischen Technischen Hochschule in Zürich die erste Gedächtnisausstellung im deutschsprachigen Raum. Dieser folgte eine Ausstellung in seiner Heimatstadt Bern im November 1940, eine Wanderausstellung in den USA zu Beginn des folgenden Jahres und in Basel schließlich im Februar 1941. Sein

Werk wurde auch in den folgenden Jahren in den USA immer wieder ausgestellt, doch nahm die Frequenz ein wenig ab.

Eine neuerliche Ausstellungstätigkeit und intensivierte Auseinandersetzung mit Klees Werk setzte bereits unmittelbar nach dem Ende des Zweiten Weltkriegs ein. Die Luzerner Galerie Rosengart, welche in den folgenden Jahren eine führende Rolle in der Verbreitung von Klees Werk übernehmen sollte, veranstaltete ihre erste Klee-Ausstellung im Juli 1945, und bereits am Ende des Jahres folgte in London eine große Retrospektive, der eine Wanderausstellung ein Jahr später folgte. Bereits im Dezember 1946 fand die erste Ausstellung in Deutschland statt, die Klee nicht mehr als «entartet» vorstellte oder in einen politischen Kontext rückte, sondern versuchte, sein Werk repräsentativ und unvoreingenommen darzustellen. Dies war zwar schwierig, denn viele Museen in Deutschland betrieben nach dem Zweiten Weltkrieg eine Art von aktiver Wiedergutmachung gegenüber den von den Nationalsozialisten verfolgten Künstlern, aber die politischen Konnotationen waren doch deutlich schwächer. Der objektivere Zugang zu Klees Werk intensivierte sich nach 1946 und war auf die Aktivität von einigen Freunden Paul Klees und Bekannten Lilys zurückzuführen.

Nach dem Tod Klees im Juni 1940 übernahm seine Witwe Lily Klee die Verwaltung und die Nutzung des gesamten Nachlasses. Felix, der einzige gemeinsame Sohn, lebte als Theaterregisseur in Deutschland, wurde 1944 zur Wehrmacht eingezogen und geriet bei Kriegsende in russische Kriegsgefangenschaft. Im September 1946 erkrankte Lily schwer, und es bestand die Gefahr, dass bei ihrem Tod der künstlerische Nachlass verkauft und zerstreut würde. Im Sommer 1946 war die Schweiz dem Washingtoner Abkommen beigetreten. Danach waren die Vermögenswerte von Deutschen im Ausland und damit auch in der Schweiz zu liquidieren, wenn die Erbnehmer in Deutschland wohnhaft waren. Durch die deutsche Staatsbürgerschaft von Paul, Lily und Felix Klee waren die Vertragsbedingungen erfüllt. Um diese Liquidation zu verhindern, erwarben Hans Meyer-Benteli und Hermann Rupf mit Hilfe von Rolf Bürgi am 20. September 1946 den gesamten künstlerischen Nachlass und die Bibliothek für einen relativ geringen Betrag. Bürgi war ein enger Freund Klees gewesen und hatte Lily nach der Hausdurchsuchung in Dessau geholfen, die Korrespondenz wieder zurückzuerhalten. Er verwaltete Klees Vermögen nach dessen Übersiedlung, während Hermann Rupf bereits seit einigen Jahren als Sammler tätig gewesen und eine der wichtigsten Bezugspersonen für Klee in seinem Exil geworden war.

Die Käufer verpflichteten sich, einen in sich geschlossenen und unveräußerbaren Teil abzugeben, der einen Überblick über Klees Schaffen gewähren sollte und der schließlich in der Paul-Klee-Stiftung mündete. Um dies zu verwirklichen, gründeten Meyer-Benteli, Rupf, Bürgi und Werner Allenbach die Klee-Gesellschaft. Diese war nicht einfach eine Nachfolgegesellschaft der von Otto Ralfs vor dem Krieg gegründeten Unterstützungsgesellschaft, sondern verfolgte zwei Ziele: den Aufbau einer Stiftung zur Verbreitung und wissenschaftlichen Erforschung von Klees Werk mit einem repräsentativen Bestand an Zeichnungen, Aquarellen und Gemälden sowie den Verkauf der Werke, die nicht als Stiftungsgut figurieren sollten.

Felix Klee machte nach seiner Übersiedelung nach Bern im Jahr 1948 seine Erbschaftsansprüche gegenüber der Klee-Gesellschaft geltend, was zu einem jahrelangen Rechtsstreit mit den Klee-Gesellschaftern führte. Die Auseinandersetzung wurde 1952 beigelegt. Felix Klee erkannte in einer Vereinbarung die Paul-Klee-Stiftung an, erhielt aber einen Teil der in die Stiftung eingebrachten Werke zurück. Die Gesellschaft löste sich durch den Übergang aller verbliebenen Werke an Felix Klee Ende des Jahres 1952 auf. Mit der Anerkennung der Paul-Klee-Stiftung und der Tätigkeit von Felix Klee entwickelte sich in der Folge eine neue Phase der Rezeption von Klees Werk sowohl im deutschsprachigen Raum als auch international.

Klees «bürgerliche Biographie»

Von wenigen Momenten in seinem Leben abgesehen, scheint sich Klee zeitlebens an einem bürgerlichen Leben orientiert zu haben, oft in einer bewussten Konfrontation zum Selbstbild, das er für die Öffentlichkeit als weltabgewandter Künstler entworfen hatte. Seine frühe Karriere war überschattet von der Berufstätigkeit seiner Frau, ein Zustand, den er zwar kurzfristig nicht ändern konnte, der aber keineswegs seiner Vorstellung eines Familienlebens entsprach. Nach seinem Studium in München, der anschließenden Italienreise und dem Versuch, seinen Lebensunterhalt durch Konzertengagements zu verdienen, gleichzeitig aber weiterhin bei seinen Eltern zu leben, ergab sich mit seiner Hochzeit 1906 und der Geburt des gemeinsamen Sohnes Felix im folgenden Jahr die Perspektive eines bürgerlichen Lebens. Sowohl Lily wie Paul Klee stammten aus derartigen Verhältnissen, und obwohl als bildende Künstler und Musiker tätig, verspürten sie offensichtlich keinen Drang, ein bohemeartiges Leben zu führen oder aus den gesellschaftlichen Konventionen auszubrechen. Sie bauten sich deshalb eine relativ etablierte Existenz auf, die sogar die Möglichkeit eines Kindermädchens miteinschloss. Klee war zwar weitgehend zu Hause, um Felix zu betreuen und den Haushalt zu führen, da Lily mit ihrer Tätigkeit als Musiklehrerin und Musikerin den Lebensunterhalt der Familie sichern musste, aber nach außen zeigten sie jenes Modell, das von ihrer Umwelt erwartet wurde. Der Krieg und die Einberufung Klees brachten hier nur eine Normalisierung, wenn auch unter erschwerten Bedingungen. Auch wenn durch die Einberufung das Auskommen der Familie keineswegs geregelt war, spiegelte sich darin doch eine gewisse bürgerliche Normalität wider, die in der vorherigen Lebenssituation gefehlt hatte. Einzig mit einer Episode nach dem Krieg durchbrach er dieses Modell: Indem er sich in der bayerischen Räterepublik engagierte, exponierte er sich politisch. Aber bereits mit dem missglückten Versuch einer Berufung nach Stuttgart und der schließlich erfolgten Anstellung in Weimar waren die Ziele idealiter erreicht. Klee war an einer staatlichen Institution angestellt, mit einem festen Einkommen, und hatte zudem mit dem Generalvertretungsvertrag eine vorteilhafte zusätzliche Einkommensmöglichkeit entwickelt. Lily konnte damit ihre bisherige Berufstätigkeit aufgeben, im Rahmen einer traditionellen patriarchalischen Familienstruktur die Karriere ihres Mannes unterstützen und damit den bürgerlichen Vorstellungen genügen.

Noch war Klee zuerst von seiner Familie getrennt, aber schon bald änderte sich dies, und die Familie lebte das perfekte Bild einer bürgerlichen Existenz. Gleichzeitig hatte Klee der Öffentlichkeit sich selbst als einen weltabgewandten Künstler vorgestellt und damit eine Diskrepanz zwischen seinem Erscheinungsbild und seinem tatsächlichen Leben aufgebaut. Einige Photos aus dieser Zeit zeigen diese extrem fremdartige Situation. Die Mehrzahl der Meister war in bürgerlicher Manier gekleidet, in Anzug und Krawatte, auch wenn sie sich lediglich in einem der Ateliers, wie demjenigen Klees, trafen. Mit frisch gestärkten Hemden, sauberen Anzügen, blanken Schuhen und keinerlei Anzeichen, dass sich hier ein Teil der künstlerischen Avantgarde Deutschlands versammelt hatte, wird lediglich durch die Anordnung einiger Bilder im Hintergrund deutlich, dass es sich offensichtlich nicht einfach um ein Zusammentreffen von Männern in einem Wohnzimmer handelt. Die äußere Erscheinung, die sie alle pflegten, deutete in nichts auf ihren Beruf oder ihre gesellschaftliche Stellung hin. Auch in den wenigen Aufnahmen, die Klee in seinem Dessauer Atelier zeigen, bleibt dieses Bild bestehen. Allein aufgenommen, erscheint er unsicherer als in den Gruppenbildern, aber er präsentiert sich auch dort als der bürgerliche Künstler, der keineswegs irgendjemandem auch nur einen Schrecken zufügen will. Er stellt sich in seinem perfekt aufgeräumten Atelier wie ein Eindringling dar, wie jemand, der dort nicht hingehört, aber nicht wie jemand, der diesen Raum täglich beansprucht, belebt und durch seine Werke erst zu dem macht, was schließlich auf dem Photo abgebildet wird. Klee zeigt sich als der weltscheue und -abgewandte Künstler, den er zu sein vorgab, und die Aufnahmen waren eine Möglichkeit, dieses Bild zu zementieren.

Beide Aspekte kultivierte er auch weiterhin in Dessau, nachdem das Bauhaus umgezogen war. In Weimar bewohnte er eine Mietwohnung, aber mit der Übersiedlung des Bauhauses nach Dessau und der Fertigstellung der Meisterhäuser hatten die Meister eine Wohnsituation, die bürgerlicher nicht sein konnte. In Einfamilien- oder Doppelhäusern wohnend, in einer Atmosphäre, die stark einer Eigentumssituation ähnelte, konnten alle

Meister einen Lebensstil verfolgen, der einer konventionellen, bürgerlichen Vorstellung entsprach. Die Meister bewohnten Häuser, die über einen recht herkömmlichen Grundriss verfügten, sieht man von den integrierten Atelierräumen ab. Die Zimmer oder Wohnungen, die ihnen zur Verfügung gestellt wurden, waren nicht extrem groß, aber ausreichend, um den Eindruck zu erwecken, dass sie in bürgerlichen Verhältnissen lebten.

Nach der Beendigung des Generalvertretungsvertrags mit Goltz änderte sich die Situation nicht grundlegend. Die Verkäufe von Werken blieben relativ stabil, und mit der von Otto Ralfs initiierten Klee-Gesellschaft erschloss sich Klee eine andere konstante Einkommensquelle. Diese ermöglichte ihm nicht nur, wiederum im Rahmen bürgerlicher Konzeptionen, Ferienreisen nach Italien, Frankreich oder Ägypten zu machen, sondern auch einen relativ gehobenen Lebensstandard in Dessau zu pflegen. Insofern war für Klee, was die Lebensumstände betraf, offensichtlich kaum ein Unterschied zwischen Weimar und Dessau erkennbar.

Klees Ziel war es, genau diese Situation zu stabilisieren und in Düsseldorf wieder zu etablieren. Noch während seiner Berufungsverhandlungen stellte Klee die Wohnungsfrage in den Mittelpunkt seines Interesses. Er hatte in Dessau erreicht, was in einem bürgerlichen Verständnis anzustreben war, mit Professorentitel und Wohnung in einem Doppelhaus. Wenigstens dieser Status musste gehalten werden, was aber implizierte, dass Klee zumindest ein günstiges Darlehen beanspruchen wollte, um selbst Wohnungseigentum in Form eines Einfamilienhauses zu bilden. Das Raumprogramm, das er dabei präsentierte, war fast eine Kopie des Hauses in Dessau. Wiederum sollte es ein Atelier beinhalten, ein Musikzimmer und ein Damenzimmer für seine Frau neben den für diese Zeit in einem bürgerlichen Rahmen üblichen Zimmern. Es war deutlich, dass sich Klee mit dem Bau des Hauses in der oberen Mittelschicht etablieren wollte, also den bürgerlichen Lebensstil, den er und seine Familie seit dem Weltkrieg führten, weiterhin zu pflegen gedachte. Trotz der Weltwirtschaftskrise war Klee noch halbwegs in der Lage, seine Lebensvorstellung zu realisieren. Zwar waren Lily und er wieder im zweiwöchigen Rhythmus voneinander getrennt, was nicht gerade einer konventionellen bürgerlichen Vorstellung entsprach, aber bezüglich der äußeren Lebensumstände spiegelte ihre Lage vollständig die gesellschaftliche Norm. Die finanzielle Situation war zwar etwas angespannt, aber nicht so dramatisch, dass es ihm nicht möglich gewesen wäre, das bürgerliche Lebensbild aufrechtzuerhalten. Durch die Machtübernahme der Nationalsozialisten, Klees Beurlaubung und die dadurch verursachten unsicheren Umstände veränderte sich die Lage für Klee und seine Frau umfassend. Mit dem verzögerten Umzug von Dessau nach Düsseldorf, wohlgemerkt von einem Haus mit Atelier in eine Mietwohnung, war zwar die Idee eines Eigenheims noch nicht aufgegeben, aber zumindest in Frage gestellt. Klees Haltung und Festhalten an seinem Haus in Dessau implizierte aber verschiedene Schwierigkeiten. Vertraglich war er eigentlich verpflichtet, in Düsseldorf seinen Lebensmittelpunkt einzurichten und dementsprechend umzuziehen, was er aber trotz der Übernahme der Stelle hinausgezögert hatte. Mit seiner zögerlichen Haltung isolierte er sich nicht nur in der Fakultät, sondern konnte auch im künstlerischen Milieu des Rheinlandes nicht richtig Fuß fassen. In Dessau war die Situation durch die Anstellung und die Gegebenheiten im Bauhaus fast von selbst gekommen, in Düsseldorf musste dies aber alles erarbeitet werden. Zwar war er offiziell Professor an der Akademie, aber nicht in der Lage, eine breitere Unterstützung zu bekommen, von einer kleinen Gruppe seiner Studenten abgesehen. Immerhin ermöglichte ihm der Titel, die Fassade einer bürgerlichen Existenz weiterhin aufrechtzuerhalten.

Mit dem erzwungenen Umzug nach Bern verschlechterte sich seine Lage nochmals. Der bereits vorher erkennbare scheinbare soziale Abstieg wurde durch die Emigration beschleunigt und erhärtet. Zuerst wohnten Paul und Lily Klee bei seinem Vater, um dann sehr schnell wiederum eine Mietwohnung zu nehmen. Durch den Verlust seines Einkommens, seines Hauptmarktes in Deutschland und den weitgehenden Zusammenbruch der Klee-Gesellschaft war Klees gesellschaftliche Situation stark in Frage gestellt. Er musste mit Lily in zwei Kleinwohnungen ziehen, wovon in einer ein Raum als sogenanntes Atelier genutzt wurde. Während seine Sammler, Künstlerkollegen und Bekannten in großen Stadtwohnungen, teilweise mit Bedienung lebten, war er wieder an den Punkt zurückgeworfen, an dem er sich zu Beginn seiner Karriere bereits befunden hatte. Diese Diskrepanz zwischen seiner gesellschaftlichen Stellung und der nicht mehr realisierbaren bürgerlichen Lebensform führte zuerst zu einer selbst gewählten Isolation in Bern, die durch seine Erkrankung noch verstärkt wurde. Seit seiner Beteiligung am Blauen Reiter hatte sich Klee nur gelegentlich während des Weltkrieges in einer Situation wiedergefunden, in der er keinen künstlerischen Austausch hatte und sich in die private Sphäre seiner Kunst zurückziehen musste. Er pflegte diese Situation teilweise als eine Haltung während seiner Zeit am Bauhaus, in dem Wissen, dass er die Möglichkeit des Austauschs hatte, wenn er wollte. In Düsseldorf stellte sich diese Situation von selbst ein, stand aber im Einklang mit seiner romantischen Vorstellung vom Künstler. Mit dem Gang ins Exil jedoch war er unabwendbar mit der drohenden Vereinsamung konfrontiert. Zuerst konzentrierte er sich freiwillig auf seine künstlerische Arbeit, was ihm aber weder den gesellschaftlichen Anschluss in Bern erleichterte noch denjenigen an die schweizerische Kunstszene. Zwar bestand zu dieser Zeit eine große Skepsis in der Schweiz gegenüber der zeitgenössischen Kunst, aber selbst die bestehenden Möglichkeiten wollte Klee nicht nutzen und blieb deshalb isoliert. Eine Hauptschwierigkeit lag in der Tatsache, dass sich Klee mit Kahnweiler nicht in der Schweiz gebunden hatte und seine geschäftlichen Kontakte zu den wenigen Sammlern mehrheitlich aus der Zeit vor seiner Emigration herrührten. Auch der Vertrag, den er mit Kahnweiler kurz vor seiner Übersiedlung abgeschlossen hatte, änderte daran nichts. Kahnweiler beschränkte sich auf die logistische Organisation der Kommissionssendungen, die mehrheitlich in die USA gingen, unterstützte Klee aber weder durch monatliche Zahlungen noch durch eine garantierte Abnahme von Werken. So blieb Klee finanziell relativ schwach gestellt sowie sozial und künstlerisch weitgehend isoliert. Der Unterhalt wurde größtenteils durch seinen Freund Rolf Bürgi organisiert, der noch ein geheimes Depot von Wertschriften und Liegenschaften verwaltete, das Klee nach dem Weltkrieg aus Verkäufen angesammelt hatte. Aber ein bürgerlicher Lebensstil, wie er ihn sich vorgestellt und lange Jahre in Dessau auch gelebt hatte, war ihm damit nicht möglich. Die wenigen Verkäufe, die er in der Schweiz zwischen seiner Erkrankung und dem Ausbruch des Weltkriegs noch realisieren konnte, veränderten kaum seine persönliche Situation. Einen Rückschlag als Künstler musste Klee 1936 hinnehmen, als alle Werke der sogenannten Entarteten Künstler aus öffentlichen Sammlungen entfernt wurden. Klee war bis dahin in der Berliner Nationalgalerie prominent vertreten gewesen und damit zumindest im Bewusstsein der Öffentlichkeit präsent, die Entfernung seiner Bilder war nun für ihn gleichbedeutend mit der Eliminierung seiner Persönlichkeit aus der breiten Wahrnehmung. Dieser Zustand wurde im folgenden Jahr sogar noch gesteigert, als sein Werk in der Ausstellung «Entartete Kunst» in München als Kunst eines Wahnsinnigen diffamiert wurde. Trotz dieser Angriffe auf seine Person und der negativen Bewertung durch die Nationalsozialisten blieb Klee weiterhin politisch neutral und äußerte sich nicht zur Lage in Deutschland. Durch seine Teilnahme an einigen eher linksgerichteten Ausstellungen, deren politisches Konzept er zwar nicht mittrug, an denen er sich aber trotzdem beteiligte, führte dazu, dass sein Gesuch, die schweizerische Staatsbürgerschaft zu erwerben, nicht sofort beantwortet wurde und er zuerst eine fünfjährige Wartefrist absolvieren musste. Er stand während der ganzen Zeit unter Aufsicht der Fremdenpolizei, die ihn dann 1939 als linksgerichtet einstufte und ihm die schweizerische Staatsbürgerschaft verwehrte.

Auch wenn seine Lebensumstände nicht wesentlich davon beeinträchtigt wurden, waren es psychologisch schwierige Momente. Nach der scheinbaren Genesung von der Sklerodermie versuchte Klee im Frühjahr 1937, seine künstlerische Arbeit zu intensivieren. Zwar stand er nun unter ständiger ärztlicher Beobachtung und musste mit einer strengen Selbstdisziplin versuchen, seine Kräfte zu kanalisieren, aber es war ihm immerhin möglich, wieder eine gewisse Tätigkeit zu verfolgen. Seine Frau musste zunehmend auch seine körperliche Pflege übernehmen. Damit wurde die Ehe noch wesentlich stärker zu Klees Lebensmittelpunkt und zentralem Element seiner persönlichen Orientierung. Lily übernahm auch die Korrespondenz und begann, den Großteil seiner Geschäfte zu regeln. Die Lebensumstände näherten sich also immer stärker einer kleinbürgerlichen Norm an.

Immerhin zeigte die Ausstellung «Entartete Kunst» eine gewisse positive Reaktion. Durch die Reputation, die sich Klee während der 1920er Jahre erarbeitet hatte, galt er als einer der exponiertesten deutschen Exilkünstler. Die politische Konnotation, die damit verbunden war, half ihm zwar weder in der Schweiz noch in Frankreich mit Verkäufen, war aber ein Anknüpfungspunkt für einige exildeutsche Galeristen in den USA, hauptsächlich Curt Valentin und Karl Nierendorf. Wie bereits erwähnt, versuchten beide, in einer Konkurrenzsituation Klee als einen der programmatischsten deutschen Künstler im Exil durchzusetzen, was ihnen 1938 auch gelang. Binnen weniger Monate war Klee von seinen finanziellen Sorgen befreit. Seine Situation in der Schweiz änderte dies aber nicht mehr. Die wenigen Ausstellungen, die er in der Schweiz hatte, brachten nicht die Erfolge, die sich Klee versprochen hatte, obwohl die Presse sehr positiv reagiert hatte. Klee verkaufte auf diesen Ausstellungen kaum, und so blieben ihm als Orientierung lediglich die eher anonymen Medien sowie eine Kunstszene in Übersee, die ihm völlig unbekannt war und aus der er keine Perspektive ableiten konnte. Auch wenn Klee 1939 nochmals versuchte, durch eine unglaubliche Anstrengung eine Wende in seinem Schaffen herbeizuführen, änderte sich letztlich seine gesellschaftliche Situation nicht. Er blieb isoliert, auf sich, seine Frau und wenige Freunde konzentriert und in Verhältnissen, die seiner Vorstellung eigentlich nicht entsprochen hatten.

Er starb an den Folgen seiner Erkrankung während eines Kuraufenthalts in Muralto bei Locarno am 29. Juni 1940.

Biographische Daten

1879 18. Dezember: Paul Klee als zweites Kind von Hans Klee und Ida Klee, geb. Frick, in Münchenbuchsee bei Bern (Schweiz) geboren. Schwester Mathilde Klee (28. Januar 1876–6. September 1953).

1880 Übersiedlung der Familie nach Bern. Die Familie wohnt fortan im Kirchenfeldquartier.

1898 Beginnt am 24. April Tagebuch zu führen, das er 1918 nochmals redigiert und überarbeitet, aber mit «Erinnerungen an die Kindheit» beginnt. Er führt das Tagebuch bis zum 16. Dezember 1918.
24. September: Abitur, das er knapp besteht.
13. Oktober: Umzug nach München, dort zunächst an der privaten Zeichenschule von Heinrich Knirr, später an der Akademie bei Franz von Stuck.

1901 22. Oktober: Abreise zu einer sechsmonatigen Studienreise nach Italien, auf der ihn der Bildhauer Hermann Haller begleitet.

1902 Rückkehr nach Bern, wohnt wiederum in seinem Elternhaus und verdient seinen Lebensunterhalt mit Konzertengagements und -kritiken.

1905 31. Mai–13. Juni: Reise nach Paris zusammen mit Hans Bloesch und Louis Moilliet.

1906 15. September: Heirat der Münchner Pianistin Lily Stumpf (1876–1946), die er seit 1899 kannte.
1. Oktober: Umzug ins Münchner Künstlerviertel Schwabing.

1907 30. November: Geburt des einzigen Sohnes Felix.

1911 Februar: Klee beginnt seinen handschriftlichen Œuvre-Katalog, den er bis zu seinem Tod weiterführen wird.
September: wird von Louis Moilliet dem deutschen Maler August Macke vorgestellt, in München kurze Zeit darauf Wassily Kandinsky.

1912 Wird von Franz Marc und Kandinsky eingeladen, an der Zweiten Ausstellung des Blauen Reiters teilzunehmen. Er stellt bei Hans Goltz daraufhin 17 Arbeiten aus.
2.–18. April: neuerliche Parisreise, trifft dort Robert Delaunay und besucht die Galerien von Bernheim-Jeune und Daniel-Henry Kahnweiler sowie die Sammlung von Wilhelm Uhde.

1914 April: Reise nach Tunesien mit Louis Moilliet und August Macke. Aufenthalt in Tunis, St. Germain, Hammamet und Kairouan, Rückreise über Italien.
26. September: August Macke fällt im 1. Weltkrieg.

1916 4. März: Klees Freund Franz Marc fällt vor Verdun, Klee davon tief betroffen, wird aber am
11. März selbst zum Militärdienst eingezogen, zuerst zur Infanterie-Reserve nach Landshut.
20. Juli: wird nach München versetzt und dient ab 20. August in der Werftkompanie in Schleißheim.

1917 16. Januar: neuerliche Versetzung, diesmal nach Gersthofen bei Augsburg. Hier Tätigkeit als Schreiber in der Kasernenverwaltung.

1918 Wird im Dezember zuerst beurlaubt, darauf folgt

1919 im Februar die endgültige Demobilisierung.
Frühjahr: mietet sich wieder ein Atelier, diesmal im Schlösschen Suresnes in München.
12. April: wird als Mitglied des Rats bildender Künstler und im Aktionsausschuss Revolutionärer Künstler Münchens aktiv, muss aber nach der Niederschlagung der bayerischen Räterepublik am
11. Juni für kurze Zeit in die Schweiz flüchten.
Juni und Juli: Oskar Schlemmer und Willi Baumeister setzen sich erfolglos für eine Berufung Klees nach Stuttgart ein.
1. Oktober: Klee schließt mit Hans Goltz einen Generalvertretungsvertrag ab, der mit Verlängerungen bis 1925 Bestand hat.

1920 29. Oktober: Walter Gropius beruft Klee als Formmeister an das Staatliche Bauhaus Weimar.

1921 1. Januar: Klee nimmt formal seine Lehrtätigkeit auf. Zuerst reist er noch im zweiwöchigen Rhythmus nach Weimar, übersiedelt mit seiner Familie aber im September desselben Jahres.

1923 Sommer: Klee publiziert seinen Aufsatz «Wege des Naturstudiums» im Katalog der Bauhauswoche (15. August–30. September).
Herbst: Ferienaufenthalt an der Nordsee auf Baltrum.

1924 7. Januar: Eröffnung der ersten Ausstellung in den USA durch Katherine S. Dreier.
26. Januar: Vortrag «Über die moderne Kunst» im Rahmen seiner Ausstellung im Kunstverein in Jena.
31. März: zusammen mit Lionel Feininger, Wassily Kandinsky und Alexej Jawlensky Gründung der Vereinigung «Die Blaue Vier» auf Anregung von Galka Scheyer.
September und Oktober: Reise nach Sizilien mit Aufenthalten in Genua, Neapel, Catania, Mazzaró und auf der Rückreise Mailand und Bern.

26. Dezember: Auflösung des Bauhauses in Weimar auf April des folgenden Jahres.

1925 24. März: In Abwesenheit von Gropius beschließt der Gemeinderat von Dessau die Übernahme des Bauhauses.
Oktober: Klees «Pädagogisches Skizzenbuch» erscheint als zweiter Band der Bauhaus-Bücher.
Klee kündigt seinen Generalvertretungsvertrag.
21. Oktober: Eröffnung seiner ersten Ausstellung in Paris.
14.–25. November: Beteiligung an der ersten Ausstellung der Surrealisten in Paris (Galerie Pierre).

1926 10. Juli: nach Fertigstellung der von Walter Gropius entworfenen Meisterhäuser Umzug nach Dessau. Dort wohnt das Ehepaar Klee in einem Doppelhaus, deren andere Hälfte das Ehepaar Kandinsky belegt.
September und Oktober: Reise nach Italien, dort hauptsächlich Aufenthalt auf der Insel Elba, daneben auch in Florenz, Ravenna und Mailand.
4. und 5. Dezember: Einweihung und Eröffnung des Bauhauses in Dessau.

1927 Juli–September: Reise in die Schweiz und weiter nach Porquerolles, Südfrankreich und Korsika.

1928 Februar: Publikation «exakte versuche im bereich der kunst» in der Zeitschrift des Bauhauses.
17. Dezember: Beginn einer vierwöchigen Reise nach Ägypten, die ihm die Mitglieder der Klee-Gesellschaft finanzieren, dort unter anderem Besuch von Alexandria, Kairo, Luxor und Assuan.

1929 Paul und Lily Klee verbringen die Sommerferien mit dem Ehepaar Kandinsky an der französischen Atlantikküste.

1930 Frühjahr: nimmt einen Ruf als Professor an die Akademie in Düsseldorf an.
September und Oktober: Reise nach Süditalien, darunter Syrakus, Agrigento und Palermo.

1931 1. April: Kündigung am Bauhaus.
1. Juli: Antritt seiner neuen Stelle in Düsseldorf, pendelt aber zuerst noch im Rhythmus von zwei Wochen zwischen Dessau und Düsseldorf und unterhält in beiden Städten jeweils ein Atelier.

1932 Oktober: Reise nach Venedig, sieht zuvor aber noch die Picasso-Ausstellung im Kunsthaus Zürich.

1933 März: Klees Haus in Dessau wird auf Veranlassung der Nationalsozialisten durchsucht.
21. April: Klee wird mit sofortiger Wirkung von seinem Lehramt beurlaubt.
24. Oktober: Klee schließt mit Daniel-Henry Kahnweiler auf den 10. Februar des folgenden Jahres einen Vertretungsvertrag.

Herbst: Klees Anstellungsvertrag wird vom Preußischen Ministerium gekündigt, er muss sein Privatatelier in der Akademie auf den 15. Dezember hin räumen.
20. und 24. Dezember: Nachdem sich Paul und Lily Klee wahrscheinlich bereits im Oktober entschieden hatten, Deutschland zu verlassen, da es für Klee keine wirtschaftliche Basis mehr gab, treffen sie getrennt in Bern, ihrem selbst gewählten Exil, ein. Klee meldet sich Ende des Jahres bei der Fremdenpolizei an und ersucht um die schweizerische Staatsbürgerschaft, die ihm aber vorerst verwehrt bleibt. Sie wohnen zunächst bei Klees Vater und Schwester, ab

1934 vom 11. Januar bis 1. Juni in einer möblierten Zweizimmer-Wohnung. Nachdem ihre Möbel aus Düsseldorf und die Bilder eingetroffen sind, richten sie sich in einer Dreizimmer-Wohnung im Berner Elfenauquartier ein.
Ende Oktober: Will Grohmann publiziert seinen Band über Klees Handzeichnungen der Jahre 1921–1930.

1935 23. Februar: Eine große Retrospektive Klees, in Kombination mit Werken von Hermann Haller, wird in der Berner Kunsthalle gezeigt, später in reduzierter Form in der Basler Kunsthalle. Der erhoffte wirtschaftliche Erfolg bleibt aber aus.
April: Die Restauflage von Grohmanns Buch wird beschlagnahmt, was alle weiteren Projekte in Deutschland zum Erliegen bringt, darunter auch die geplante Fortsetzung zu Klees Zeichnungen vor 1921.
August: Klee erkrankt an einer Bronchitis, die sich kurze Zeit später zu einer doppelseitigen Lungenentzündung ausweitet. Mitte November tritt eine andere Krankheit auf, die zuerst als Masern diagnostiziert wird. Später stellt sich heraus, dass es sich dabei um die nicht therapierbare progressive Sklerodermie handelt. Er erholt sich nur langsam, trotz Kuraufenthalten im Engadin und Wallis im folgenden Jahr.

1937 Ende Februar: Klee nimmt seine Arbeit nach langer Unterbrechung wieder auf und wird speziell ab dem Sommer bis zu seinem Tod 1940 eine vorher nicht gekannte Kreativität und Geschäftigkeit an den Tag legen.
19. Juli: In München wird die Ausstellung «Entartete Kunst» eröffnet, auf der Klee mit wohl 17 Arbeiten vertreten ist. Sie wird als Wanderausstellung auch in anderen Städten gezeigt. Dieser folgen
ab August erste Beschlagnahmungen von Werken zeitgenössischer Kunst, die bereits in der Ausstellung als «entartet» abgewertet worden waren. Im Laufe dieser Aktion werden insgesamt 102 Werke von Klee aus öffentlichen Sammlungen entfernt und größtenteils ins Ausland verkauft.
27. November: Besuch von Pablo Picasso, der seinen Sohn zu einer medizinischen Behandlung begleitet.

1938 Die Krankheit bleibt stabil, Klee leidet aber oft unter erheblichen körperlichen Beschwerden.

August–September: Ferienaufenthalt im Berner Oberland (Beatenberg), der zu einer vorläufigen Besserung von Klees Gesundheitszustand führt.

1939 April: Klee erhält zweimal Besuch von Georges Braque in Begleitung der Basler Sammlerin Maya Sacher-Stehlin, da sich Braque zu dieser Zeit sehr für Klees Kunst interessiert.
24. April: Klee stellt nochmals einen Antrag auf Einbürgerung, dieses Gesuch wird aber zu Lebzeiten von Klee nicht behandelt.
30. Juni: Zwei Gemälde Klees aus deutschem Museumsbesitz, die in der Luzerner Galerie Fischer verauktioniert werden, werden Schweizer Käufern zugeschlagen, dem Kunstmuseum Basel und dem Zürcher Sammler Emil Friedrich.
16.–18. Dezember: dreitägige Geburtstagsfeierlichkeiten anlässlich von Klees 60. Geburtstag, dem auch in zahlreichen schweizerischen Tageszeitungen gedacht wird.

1940 12. Januar: Klees Vater stirbt 91-jährig und wird einige Tage später beigesetzt.
Ende Januar: Klees gesundheitlicher Zustand verschlechtert sich wieder.
16. Februar: Eröffnung einer großen Retrospektive im Kunsthaus Zürich, die im Vorjahr vereinbart worden war. Sie ist die einzige Präsentation des Spätwerks, die von Klee selbst geplant wurde.
Anfang April: Klees Gesundheitszustand verschlechtert sich nochmals, weshalb er am
10. Mai einen Kuraufenthalt in einem Sanatorium in Locarno beginnt. Es tritt aber keine Stabilisierung ein, so dass sein Zustand besorgniserregend wird.
Mitte Juni: scheinbare Besserung.
29. Juni 1940: Paul Klee stirbt in der Clinica Sant-Agnese in Locarno-Muralto. Es erscheinen daraufhin Nachrufe in zahlreichen internationalen Zeitungen.

Literatur

Werkverzeichnisse

Grohmann, Will, *Paul Klee. Handzeichnungen 1921–1930*, Potsdam/Berlin 1934

Kornfeld, Eberhard W., *Verzeichnis des graphischen Werkes von Paul Klee*, Bern 1963

Glaesemer, Jürgen, *Paul Klee. Die farbigen Werke im Kunstmuseum Bern. Gemälde, farbige Blätter, Hinterglasbilder und Plastiken*, Bern 1976

Glaesemer, Jürgen, *Paul Klee. Handzeichnungen.* 3 Bde., Bern 1973, 1979, 1984

Catalogue raisonné Paul Klee, hrsg. von der Paul-Klee-Stiftung, Kunstmuseum Bern, 9 Bde., Bern 1998–2004

Briefe, Tagebücher und Schriften

Paul Klee, *Schriften*, hrsg. von Christian Geelhaar, Köln 1976

Paul Klee, *Briefe an die Familie 1893–1940*, 2 Bde., hrsg. von Felix Klee, Köln 1979

Paul Klee, Beiträge zur bildnerischen Formlehre, hrsg. von Jürgen Glaesemer, Basel/Stuttgart 1979

Paul Klee, *Tagebücher 1898–1918*, textkritische Neuedition, hrsg. von der Paul-Klee-Stiftung, Kunstmuseum Bern, bearb. von Wolfgang Kersten, Stuttgart/Teufen 1988

Kain, Thomas; Meister, Mona; Verspohl, Franz-Joachim (Hrsg.), *Paul Klee in Jena 1924. Der Vortrag*, Minerva. Jenaer Schriften zur Kunstgeschichte, Bd. 10, Jena 1963 (2005)

Galka E. Scheyer & die Blaue Vier: Briefwechsel 1924–1945, hrsg. und kommentiert von Isabel Wünsche, Wabern 2006

In inniger Freundschaft: Alexej Jawlensky, Paul und Lily Klee, Marianne Werefkin; der Briefwechsel, hrsg. vom Zentrum Paul Klee, Bern, und von Stefan Frey, Zürich 2013 (Klee-Studien; Bd. 4)

Zeitgenössische Biographien

Hausenstein, Wilhelm, *Kairuan oder eine Geschichte vom Maler Klee und von der Kunst dieses Zeitalters*, München 1921

Wedderkop, Hermann von, *Paul Klee*, Leipzig 1920 (= Junge Kunst, Bd. 13)

Zahn, Leopold, *Paul Klee. Leben, Werk, Geist*, Potsdam 1920

Allgemeine Literatur

Aichele, Kathryn Porter, *Paul Klee, poet/painter*, Rochester, NY 2006

Anger, Jenny, *Modernism and the Gendering of Paul Klee*, Dissertation, Brown University, Providence 1997

Baumgartner, Michael und Hopfengart, Christine, *Paul Klee – Leben und Werk*, Ostfildern 2012

Bohn, Ralf, *Inszenierung als Widerstand: Bildkörper und Körperbild bei Paul Klee*, Bielefeld 2009

Bonnefoit, Régine, *Die Linientheorien von Paul Klee*, Petersberg 2009

Boulez, Pierre, *Le pays fertile. Paul Klee*, Paris 1989

Crone, Rainer, und Koerner, Joseph Leo, *Paul Klee. Legends of the Sign*, New York 1991

Grohmann, Will, *Paul Klee*, Genf/Stuttgart 1954

Haxthausen, Charles Werner, *Paul Klee. The Formative Years*, Dissertation, Columbia University, Ann Arbor/London 1976

Haxthausen, Charles Werner, «Paul Klee, Wilhelm Hausenstein, and ‹the Problem of Style›», in: Kritische Berichte, 42.2014, 1, S. 47–67

Hopfengart, Christine, *Klee. Vom Sonderfall zum Publikumsliebling. Stationen seiner öffentlichen Resonanz in Deutschland 1905–1960*, Mainz 1989

Jordan, Jim M., *Klee and Cubism*, Princeton 1984

Kersten, Wolfgang, *Paul Klee. «Zerstörung, der Konstruktion zuliebe?»*, Marburg 1987

Paul Klee – Kunst und Karriere. Beiträge des internationalen Symposiums in Bern, hrsg. von Oskar Bätschmann und Josef Helfenstein, unter Mitarbeit von Isabella Jungo und Christian Rümelin, Bern 2000 (= Schriften und Forschungen zu Paul Klee, Bd. 1)

Paul Klee – Lehrer am Bauhaus, Kunsthalle Bremen 30.11.2003–29.2.2004

Marx, Bernhard, *Balancieren im Zwischen: Zwischenreiche bei Paul Klee*, Würzburg 2007

Okuda, Osamu, «Paul Klee: Buchhaltung, Werkbezeichnung und Werkprozess», in: Radical Art History: Internationale Anthologie; Subject: O. K. Werckmeister, hrsg. von Wolfgang Kersten, Zürich 1997, S.374–397

Richter, Dorothea, *Unendliches Spiel der Poesie: romantische Aspekte in der Bildgestaltung Paul Klees*, Weimar 2004

Rümelin, Christian, «Klees Umgang mit seinem eigenen Œuvre», in: *Paul Klee. Jahre der Meisterschaft*, Ausst. Stadthalle Balingen 28.7.–30.9.2001, S. 21–37 und 215–222

San Lazzaro, Gualtieri di, *Klee. La vie et l'œuvre*, Paris 1957

Valenti, Paola, Klee erobert Italien: Italiens Kunstkritik über den Bilder-Zauberer, Deiningen 2009

Verdi, Richard, *Klee and Nature*, London 1984

Watson, Stephen H.: *Crescent moon over the rational: philosophical interpretations of Paul Klee*, Stanford 2009

Wedekind, Gregor, *Paul Klee. Inventionen*, Berlin 1996
Wedekind, Gregor (Hrsg.), *Polyphone Resonanzen: Paul Klee und Frankreich = Polyphone Resonanzen: La France et Paul Klee*, Berlin 2010

Ausstellungskataloge (chronologisch)

Paul Klee. Die Ordnung der Dinge, Ausst.kat. von Tilman Osterwold, Württembergischer Kunstverein, Stuttgart, 11.9.–2.11.1975
Paul Klee Centennial. Prints and Transfer Drawings, Museum of Modern Art, New York, 8.1.–3.4.1979
Paul Klee. Das Werk der Jahre 1919–1933. Gemälde, Handzeichnungen, Druckgraphik, Kunsthalle Köln, 11.4.–19.5.1979
Paul Klee. Das Frühwerk 1883–1922, Städtische Galerie im Lenbachhaus, München, 12.12.1979–2.3.1980
Paul Klee. Ein Kind träumt sich, Ausst.kat. von Tilman Osterwold, Württembergischer Kunstverein, Stuttgart, 14.12.1979–27.1.1980
Die Tunisreise. Klee, Macke, Moilliet, Westfälisches Landesmuseum für Kunst und Kulturgeschichte, Münster, Landschaftsverband Westfalen-Lippe, 12.12.1982–13.2.1983; Städtisches Kunstmuseum Bonn, 9.3.–24.4.1983
The Graphic Legacy of Paul Klee, Bard College, Annandale-on-Hudson, 23.10.–28.12.1983
Paul Klee als Zeichner 1921–1933, Bauhaus-Archiv, Berlin, 5.5.–7.7.1985, Städtische Galerie im Lenbachhaus, München, 28.8.–3.11.1985, Kunsthalle Bremen, 17.11.1985–5.1.1986
Paul Klee, Museum of Modern Art, New York, 12.2.–5.5.1987, The Cleveland Museum of Art, 24.6.–16.8.1987, Kunstmuseum Bern, 25.9.1987–3.1.1988
Paul Klee. Das Schaffen im Todesjahr, Kunstmuseum Bern, 17.8.–4.11.1990
Paul Klee. Im Zeichen der Teilung, Ausst.kat. von Wolfgang Kersten und Osamu Okuda, Kunstsammlung Nordrhein-Westfalen, Düsseldorf, 21.1.–17.4.1995, Staatsgalerie Stuttgart, 29.4.–23.7.1995
Mit dem Auge des Kindes – Kinderzeichnungen und moderne Kunst. Städtische Galerie im Lenbachhaus, München, 31.5.–20.8.1995, Kunstmuseum Bern, 7.9.–26.11.1995
Reisen in den Süden. «Reisefieber praecisiert», Gustav-Lübcke-Museum, Hamm, 26.1.–13.4.1997, Museum der bildenden Künste, Leipzig, 8.5.–13.7.1997
Die Blaue Vier. Feininger, Jawlensky, Kandinsky, Klee in der Neuen Welt, Kunstmuseum Bern, 5.12.1997–1.3.1998, Kunstsammlung Nordrhein-Westfalen, Düsseldorf, 28.3.–28.6.1998
Paul Klee in Jena 1924, Stadtmuseum Göhre, Jena, 14.3.–25.4.1999
Paul Klee – in der Maske des Mythos, Haus der Kunst, München, 1.10.1999–9.1.2000, Museum Boijmans van Beuningen, Rotterdam, 19.2.–21.5.2000

Paul Klee. Die Kunst des Sichtbarmachens. Materialien zu Klees Unterricht am Bauhaus, Seedamm Kulturzentrum, Pfäffikon, 14.5.–30.7.2000

Paul Klee 1933, Städtische Galerie im Lenbachhaus, München, 8.2.–4.5.2003, Kunstmuseum Bern, 4.6.–17.8.2003, Schirn Kunsthalle, Frankfurt/M., 18.9.–30.11.2003, Hamburger Kunsthalle, 11.12.2003–7.3.2004.

Paul Klee im Rheinland. Zeichnungen, Aquarelle, Gouachen, Kunst- und Ausstellungshalle der Bundesrepublik Deutschland, Bonn, 7.3.–9.6.2003

Paul Klee – Lehrer am Bauhaus, Kunsthalle Bremen 30.11.2003–29.2.2004

Paul Klee et la nature de l'art: une dévotion aux petites choses, Musée d'Art Moderne, Strasbourg, 26.3.–20.6.2004

Paul Klee: kein Tag ohne Linie, Zentrum Paul Klee, Bern, 20.6.2005–5.3.2006, Museum Ludwig, Köln, 9.12.2006–4.3.2007

Paul Klee: Melodie und Rhythmus, Zentrum Paul Klee, Bern, 9.9.–12.11.2006

Klee and America, Neue Galerie, New York, 10.3.–22.5.2006; Phillips Collection, Washington, DC, 16.6.–10.9.2006; Menil Collection, Houston, 6.10.2006–14.1.2007

Bauhaus-Ideen um Itten, Feininger, Klee, Kandinsky: vom Expressiven zum Konstruktiven, Schlossmuseum Murnau, 23.3.–8.7.2007; Meisterhaus Kandinsky/Klee, Dessau-Roßlau, 19.7.–23.9.2007

Paul Klee: überall Theater, Zentrum Paul Klee, Bern, 28.6.–14.10.2007

In Paul Klees Zaubergarten: jenseits von Eden; eine Gartenschau, Zentrum Paul Klee, Bern, 2.10.–31.10.2008; Kunstsentret, Hvikodden, 2.10.–7.12.2008; Bergen Kunstmuseum, 8.1.–15.3.2009

Das Universum Klee, Neue Nationalgalerie, Berlin, 31.10.2008–8.2.2009

Lyonel Feininger – Paul Klee: Malerfreunde am Bauhaus, Gustav-Lübcke-Museum Hamm, 22.2.–24.5.2009; Museum im Kulturspeicher Würzburg, 18.6.–6.9.2009

Paul Klee und die Romantik, Ulmer Museum, 8.3.–17.5.2009

Klee trifft Picasso, Zentrum Paul Klee, Bern, 6.6.–26.9.2010

Franz Marc, Paul Klee: Dialog in Bildern, Franz-Marc-Museum, Kochel, 27.6.–3.10.2010; Stiftung Moritzburg, Halle, 24.10.–9.1.2011; Zentrum Paul Klee, Bern, 28.1.–1.5.2011

Klee und Cobra – ein Kinderspiel, Zentrum Paul Klee, Bern, 25.5.–4.9.2011, Louisiana Museum of Modern Art, Humlebaek, 30.9.2011–8.1.2012, Cobra Museum of Modern Art, Amstelveen, 26.1.–22.4.2012

Paul Klee: philosophical vision; from nature to art, McMullen Museum of Art, Boston College, 1.9.–9.12.2012

Itten – Klee: Kosmos Farbe, Kunstmuseum Bern, 29.11.2012–1.4.2013; Martin-Gropius-Bau, Berlin, 25.4.–29.7.2013

100 x Paul Klee: Geschichte der Bilder, Kunstsammlung Nordrhein-Westfalen, Düsseldorf, K 21 Ständehaus, 29.9.2012–10.2.2013

Vom Japonismus zu Zen. Paul Klee und der Ferne Osten, Zentrum Paul

Klee, Bern, 19.01.–12.05.2013; Museum für Ostasiatische Kunst, Köln, 18.10.2014–1.2.2015

Zwischen Brücke und Blauem Reiter: Hanna Bekker vom Rath als Wegbereiterin der Moderne, Museum Wiesbaden, 14.6.–6.10.2013, Zentrum Paul Klee, Bern, 23.11.2013–23.2.2014

Satire – Ironie – Groteske: Daumier, Ensor, Feininger, Klee, Kubin, Zentrum Paul Klee, Bern, 6.6.2013–6.10.2013

Paul Klee: Making Visible, Tate Modern, London, 16.10.2013–9.3.2014

Die Tunisreise 1914: Paul Klee, August Macke, Louis Moilliet, Zentrum Paul Klee, Bern, 14.3.–22.6.2014

Nach Ägypten! Die Reisen von Max Slevogt und Paul Klee, Galerie Neue Meister, Staatliche Kunstsammlungen Dresden, 30.4.–3.8.2014; Kunstsammlung Nordrhein-Westfalen K 20, Düsseldorf, 6.9.2014–4.1.2015

Fotonachweis

Basel, Öffentliche Kunstsammlung Farbtaf. X
Bern, Paul-Klee-Zentrum 2, 3 4, Farbtaf. II, IV, XII, XIV
Luzern, Museum Stiftung Rosengart Farbtaf. VI
Stuttgart, Staatsgalerie Farbtaf. XV
Weilheim, Artothek Umschlag, Farbtaf. I, VIII

Aus folgenden Werken wurden entnommen:
Hajo Düchting, Paul Klee. Malerei und Musik, München 2001 Farbtaf. XI
Jean-Louis Ferrier, Paul Klee, Frechen 2001 6, Farbtaf. VII, IX
Josef Helfenstein, Paul Klee. Das Schaffen im Todesjahr, Stuttgart 1990 7
Robert Kudielka, Paul Klee. The Nature of Creation, London 2002 5
Carolyn Lachner, Paul Klee, New York 1987 1
Armin Zweite, Der Blaue Reiter im Lenbachhaus München, München 1991 Farbtaf. III, V, XIII

Personenregister

Allenbach, Werner 110
Aragon, Louis 104
Arp, Jean 50
Bach, Johann Sebastian 88
Bayer, Herbert 85
Bernheim-Jeune, Joseph 26
Brakl, Franz Josef 103
Braque, Georges 26, 91

Breuer, Marcel 85, 90
Bürgi, Rolf 109 f., 115
Bürgi-Bigler, Hannah 91
Campendonk, Heinrich 25, 27
Castella, Jean de 11
Corrinth, Curt 50
Crevel, René 104
Delacroix, Eugène 53
Delaunay, Robert 26 f., 29, 35 f., 39
Dérain, André 26
Dreier, Katherine S. 104–106
Durand-Ruel, Paul 26
Eddy, Arthur Jerome 103
Edschmid, Kasimir 49
Éluard, Paul 104
Epstein, Elisabeth 26
Erbslöh, Adolf 25
Ernst, Max 54, 104
Feininger, Lyonel 75, 90
Flechtheim, Alfred 45 f., 91 f.
Franz Joseph I., Kaiser 15
Frick, Anna Catharina Rosina (Klees Großmutter) 6
Girardet, Max 6
Goethe, Johann Wolfgang von 53
Gogh, Vincent van 20
Goltz, Hans 23, 28, 44–49, 55, 76 f., 105, 113
Grohmann, Will 91, 101
Gropius, Walter 50 f., 75, 85, 90
Haller, Hermann 11
Hausenstein, Wilhelm 49
Itten, Johannes 50
Jawlensky, Alexej von 25, 75 f.
Kahnweiler, Daniel-Henry 26, 90–92, 108, 115
Kandinsky, Nina 75
Kandinsky, Wassily 9, 25–27, 45, 53, 76, 85, 90 f.
Klee, Felix 20, 90, 99, 109–111
Klee, Hans 6, 8, 50, 110
Klee, Ida 6, 8, 110
Klee, Lily 10, 13, 15, 17, 20, 35, 46, 52, 84 f., 89 f., 99, 109–111, 113 f., 116 f.
Klee, Mathilde 6
Klee-Grejowa, Efrossina 99
Knirr, Heinrich 8–10, 12
Kubin, Alfred 21, 25
Lauterburg, Emil 6
Löfftz, Ludwig von 8
Macke, August 25, 28, 30, 33
Macke, Elisabeth 25
Macke, Helmut 25
Marc, Maria 25
Marc, Franz 25–27, 32–35, 45, 49
Matisse, Henri 26
Meyer, Hannes 85, 90
Meyer-Benteli, Hans 109 f.
Mies van der Rohe, Ludwig 90
Möller, Ferdinand 91
Moholy-Nagy, László 85, 90
Moilliet, Louis 25 f., 28, 30
Muche, Georg 75
Münter, Gabriele 25
Neumann, Israel Ber 91 f., 106, 108
Nierendorf, Karl 106, 108, 117
Picabia, Francis 54
Picasso, Pablo 26, 30, 91
Picasso, Paulo 91
Piper, Reinhard 49
Probst, Rudolf 77, 91
Ralfs, Otto 78, 110, 113
Rümann, Wilhelm von 10
Runge, Philipp Otto 53
Rupf, Hermann 91, 109 f.
Rupf, Margrit 91
Sacher-Stehlin, Maya 91
Scheyer, Galka 76 f., 92, 105 f.
Schlemmer, Oskar 50
Schmoll von Eisenwerth, Karl 11
Scholz, J. 7
Seurat, Georges 86
Stuck, Franz von 9 f.
Sydow, Eckhard von 48
Thannhauser, Heinrich 45, 103
Valentin, Curt 92, 108, 117
Vlaminck, Maurice de 26
Voltaire 17, 20, 49
Walden, Herwarth 27, 35, 45 f., 48, 50
Wedderkop, Hermann 47
Werefkin, Marianne von 25
Wilhelm II., Kaiser 15
Wolff, Kurt 50
Zahn, Leopold 47 f.